勝利のうたを歌おう

沖縄人ボクサーは何のために闘うのか

新垣　譲

ボーダーインク

彼らは何のために闘うのか　はじめに

１９７６年のことだから、小学校の６年生だったはずだ。いつもは仕事で帰りの遅い父が、その日はめずらしく早い時間に帰宅した。プロ野球、プロレス、ボクシング、キックボクシング、当時は毎日のように何かしらスポーツのテレビ中継があったはずだが、父はいずれにも興味がなく、ウチにはスポーツ番組を見る習慣がなかった。

ところがその日は違った。だからはっきりと覚えている。父が合わせたチャンネルはボクシング中継だった。リングにはクシャクシャパーマで頭をふくらませたボクサー。対戦相手の記憶はない。どんな試合だったかも覚えていない。覚えているのはパーマボクサーが凄まじい勢いで連打を浴びせているシーンと、どうしてなのかわからないが、口から心臓が飛び出すんじゃないかと思うくらいドキドキしたことだけだ。

パーマボクサーは具志堅用高。いまさら説明するまでもなく、１９７６年10月10日にＷＢＡ世界ライトフライ級のタイトルを手にすると、その後13度世界タイトルを防衛し、「１００年にひとりの天才」と言われたボクサーだ。その試合以来すっかり具志堅ファンになってしまった僕は、

ＪＲ（当時は国鉄）総武線、千駄ヶ谷駅近くの線路高架下にあった協栄ジムを友人３人と訪ね、具志堅に握手してもらったほどだ。

あの日、なぜ父は具志堅のタイトルマッチにチャンネルを合わせたのか。それについては僕のルーツについて触れておく必要がある。沖縄出身の祖父は教師として赴任していた台湾で終戦を迎え、父は桜島にあった海軍、特攻戦隊の基地で終戦を迎えている。沖縄に帰れなかった祖父母と父は紆余曲折を経て千葉県の三里塚にあった沖縄の人たちが入植した開墾地で合流し、数年後に東京に移り生活の根をおろしたという歴史がある。だからボクシングに興味のなかった父でも、あの日の試合には特別な思いを持っていたのかもしれない。

具志堅が世界タイトルを取った70年代から80年代は、沖縄ボクシング界の黄金期だった。月に一度、日本ボクシングコミッション（ＪＢＣ）が発表する各階級の日本ランキングというものがあり、80年代の日本ランキングを調べてみるといかに沖縄の選手が席巻していたかがわかる。毎月のように10人前後がランキングされ、最多では17人がランクインしている月もある。

しかもこのランキングはあくまでも日本国内に限ったものなので、世界ランキングも含めるとさらにトップボクサーの数は増えるはずだ。この状況がどれほどすごいことなのかは、現在の状況と比較してみれば一目瞭然。２０１２年８月現在、日本ランキングに入っている沖縄出身のボクサーは5人しかいない。

1981年、具志堅は14度目の防衛に失敗し引退する。具志堅の引退はひとつの時代の終わりであると同時に、僕にとっては具志堅以外のボクサーに目を向けるきっかけになった。具志堅がタイトルを失った9ヶ月後には渡嘉敷勝男、翌82年には友利正、86年には浜田剛史、92年には平仲明信が世界タイトルを手にしている。また、惜しくも世界には手が届かないまでも魅力あるボクサーは少なくなかった。

だが、90年代にはいると沖縄のボクサーはかつての勢いを無くしてしまう。日本ランカーの数は年々減り、92年に平仲明信がスーパーライト級の世界チャンピオンになったのを最後に、ウチナーンチュの世界チャンピオンは誕生していない（2006年、名城信男（六島ボクシングジム）がWBA世界スーパーフライ級のタイトルを獲得しているが、自身が「奈良県出身」としているため、沖縄系ではあるものの本書ではウチナーンチュボクサーとは別と考える）。

なぜ、沖縄から世界チャンピオンが生まれなくなったのか？

1999年11月7日。この日は7年ぶりに沖縄から世界チャンピオンが誕生するかもしれない試合が組まれていた。チャンピオン戸高秀樹に対するのは名護明彦。興南高校時代からアマチュアで好成績を残し、卒業後は具志堅が会長を務める「白井・具志堅スポーツジム」からプロデビュー。期待通り15連勝でこの日を迎えていた。だが、この試合で名護はプロ入り以来初めての敗北を味わう。さらに翌年、再び世界タイトルを賭けて徳山昌守に挑んだが、またしても敗れた。この試合を最後に名護は具志堅と袂を分かち、ジムを去る。そしてボクシングの表舞台からも姿を消した。

ボクシングのエリート街道を駆け上がってきた名護にとって、檜舞台での２連敗はどれほどの屈辱だっただろうか。もうボクシングに戻ってくることはないだろう。勝手にそう思いこんでいた。

２００３年の秋、新聞の投書欄に小さな記事を見つけた。東京で暮らす老夫婦が、郷土出身のボクサーを応援するため後楽園ホールに出かけたという内容で、驚いたのはそこにあったボクサーの名前だった。郷土のボクサーとは名護明彦。小さなジムに移籍して再起を賭ける名護を、老夫婦は戦後の沖縄の復興に重ねて応援しているのだという。

「どうして？」

まさか名護がボクシングを続けているなんて。

調べると白井・具志堅ジムを去った後、２年のブランクを経て２００２年２月に復帰戦を行い、２００３年の秋まで６戦を戦っている。

どうしても会ってみたくなった。どうしてボクシングを続けているのか。どうしてチャンピオンになれなかったのか。どうしてボクシングを始めたのか。どうして東京のジムを選んだのか。

どうして沖縄のボクサーは勝てなくなったのか。どうして……聞いてみたいことは山ほどあった。

連絡先を探し、会う約束を取り付けたのは12月のあたまだった。

それ以降、名護明彦をはじめ、東京近郊のジムに所属する沖縄出身のボクサーたちを訪ねては話を聞いた。試合があればできる限り会場に足をはこんだ。歓喜の雄叫びを聞いたし、悔し涙にくれる顔もあった。引退して次の夢を追いかける者もいれば、音信不通になってしまった者もいる。沖縄に帰った者もいれば、東京で就職した者もいる。彼らを見ていて感じたのは、ボクシングに対するひたむきな思いとそしてもうひとつ、沖縄人ボクサーたちの内面の変化だった。

本書では首都圏のボクシングジムに所属する（もしくはしていた）６人のウチナーンチュボクサーをおおよそ8年にわたって取材している。

具志堅用高が登場してから、80年代、90年代前半までウチナーンチュボクサーが強かったのかなぜか？　僕にはいまその答えがおぼろげながら見え始めている。それは現代の沖縄のボクサーが技術的に劣っているからではない。体力的に弱っているからでもない。ボクシングというスポーツが技術や体力ばかりでなく、緊張感や精神力といった言葉以前の領域とも深く関わっているところにこそ要因があると思っている。そしてそこには「沖縄」と「ヤマト」という深い関係性が横たわっている。僕は世界チャンピオンという「勝利」を獲得するためにもがく彼らを通して描いてみようと考えている。

彼らは何のために闘うのか　はじめに　1

平敷《へしき》勇二《ゆうじ》　9

本当は悔しいからそう言いたくないんですけど、
いっぱいいっぱい夢、見れましたね。

嘉陽《かよう》宗嗣《むねつぐ》　45

勝った試合っていうのは後で思い出すことはあまりないですね。
でも世界戦で負けたあれが悔しくて。
あとちょっとで夢に手が届くところまでいったのに掴めなかった。

翁長《おなが》吾央《ごお》　85

僕はボクシングに完璧を求めたいんです。
強くなるためだったらどんなことでも求めたいんです。
だから僕はこっちであんまり友達を作る気はないですね。

久手堅大悟《くでけんだいご》
僕は3回負けたら辞めるって決めたんです。
プロ選手としてひとつのけじめとして。
東京に出てきて、ボクシングだけじゃなくやりたいこともみつけたんで。
125

池原繁尊《いけはらしげたか》
このボクシングが出来れば誰にも負けないっていう自信が戻ってきたんで、いますげー楽しいんですよ。
159

名護明彦《なごあきひこ》
たぶん僕はこの先ピークを作って完全燃焼したいのかもしれないです。
それはたとえばタイトルマッチじゃなくてもいいんです。
自分の持っているものを全部を出し切れたと実感できれば。
201

「具志堅」から遠く離れて　おわりに　249

あとがき　259

平敷勇二

[photo:Takumi Inoue]

本当は悔しいからそう言いたくないんですけど、
いっぱいいっぱい夢見れましたね。

ＪＲ総武線の水道橋駅を西口から出ると、信号を渡ってすぐのところからなだらかなスロープの延びた歩道橋がある。神田川と外堀通りを跨いだ対岸には赤と緑と黄色のカラフルな文字で「Tokyo Dome City」と描かれた大きなアーチがあり、くぐり抜けるとそのまま東京ドームシティーに足を踏み入れることになる。

東京ドームシティーは読売ジャイアンツの本拠地「東京ドーム」を中心に、遊園地の「東京ドームシティーアトラクションズ」、天然温泉施設の「ラクーア」、地上43階建ての「東京ドームホテル」など、さまざまな施設を集約した複合型エンターテイメントタウンといったところだろうか。週末やプロ野球の開催日ともなると駅からのびる歩道橋はゾロゾロとドームシティーに向かう人混みでごった返すことになる。

そしてこの東京ドームシティーの一画に「ボクシングの聖地」とも呼ばれる後楽園ホールがある。歩道橋からもほど近い空色の建物をエレベーターで5階まであがるとホールの入り口で、チケットの半券と引き替えに、その日の試合に出場する選手たちのプロフィールや戦績などが載ったパンフレットを手渡される。

２００７年12月18日。メインイベントに登場する名護明彦の試合を観戦するため、後楽園ホールに到着したのは19時過ぎだった。すでに前座の試合が18時から始まっていて、リングではこの日の４試合目となるフェザー級の６回戦が始まるところだった。メインイベントの試合まで、まだまだ時間があるせいか客席はまばらで、リングに声援を送っているのは、選手の応援団ぐらいだった。

試合は一方的で、最初から赤コーナーの選手が軽くあしらうように相手を攻め立てていた。ジャブ、ストレート、フック、くり出すパンチがことごとく面白いようにヒットする。それでも青コーナーの選手は腐ることなく、打たれても打たれても前に出ることをやめようとしない。

打たれ続けた顔は真っ赤に腫れあがり、鼻血が流れて白いトランクスに赤いシミを作っている。とっくに倒れていても不思議じゃないほどダメージを受けているだろうに、それでも前に出てパンチを繰り出そうとする。試合はそんな展開のまま最終６ラウンドまでもつれこんだ。

ボクシングは厳格なルールに基づいて行われるスポーツだ。だが、それは実力の拮抗した者同士がリングに上がったことを想定したもので、実力差が明らかな場合、それは「スポーツ」という名のオブラートに隠されたボクシングの残酷さをより際だたせることになる。

このまま試合終了のゴングが鳴れば赤コーナーの選手が勝つのは誰の目にも明らかだった。逆に青コーナーの選手が勝つためにはＫＯ以外にないが、それは万にひとつもないだろうと予想できた。いくら手を出しても相手に当たらない。逆にパンチを放ってガードが空いたところを狙われ、目をそむけたくなるようなストレートやジャブをまるで決まり事のように顔面で受け止めている。

実力の差は歴然としていた。そろそろレフェリーが試合を止めないと危ないんじゃないかと思っていた矢先、渾身の右ストレートが顔面をとらえると、青コーナーの選手は崩れるようにリングに仰向けに横たわってしまった。レフェリーはカウントを取り始めたが、横たわったままの選手は目を閉じたままピクリとも動かない。テンカウントまで数えることなく、すぐにドクターがリング上に呼ばれた。

顔をのぞき込み、指でまぶたを開けて瞳孔を確認するが、気を失っているのかまるで動かない。リング上を飛び跳ねて勝利を喜ぶ相手選手の横、運び込まれた担架に乗せられ控え室へと消えていった。

同じ6回戦を戦うボクサーでも、4回戦から何度も負けながら苦労の末ようやく6回戦のリングに上がるボクサーもいれば、単なる通過点として6回戦を迎えるボクサーもいる。担架で運ばれていったのは苦労の末、切れそうな糸を必死にたぐり寄せて、ようやく6回戦のリングにたどり着いたボクサーだった。

副都心新宿と埼玉県秩父市を結ぶ西武新宿線の急行に乗って約30分、窓の外の景色は高層ビル群から次第に緑豊かな郊外の住宅地に変わりはじめる。ところどころに畑が見えはじめた頃、電車は小平駅のホームにすべりこんだ。

駅の南口を出ると左手にスーパーマーケットがひとつ、あとはマンション数棟以外に背の高い建物は見あたらない。喫茶店、ファストフード、書店、銀行が並ぶやたらと広いロータリーを抜け、人も店もまばらな商店街に入って50メートルほど歩くと、左手に3階建ての小さな建物がある。1階には学習塾が入っていて、生徒たちの自転車が並んでいる。上を見上げると2階の窓に大きな赤い字で「小平シシドボクシングジム」と書いてあるのが見える。あの日担架で運ばれていったのはこのジムに所属する平敷勇二という選手だった。

成績は4勝8敗1分。デビュー戦で敗れ、その後3連勝したものの、次の1勝をあげるのに2年かかっている。4回戦で4勝してどうにか6回戦にあがったものの、それからの2年はただの1度も勝てずにいた。

急な階段を昇ってジムの扉を開くと、狭い……！　フロアの半分は小さめのリングに占拠され、リングと壁の間は人ひとりが通れるほどしかない。残りのスペースに天井から3本のサンドバック。壁にはヘッドギアやグローブが所狭しと吊されている。たいていのジムにあるような会長室もなければ、受付やロッカールームもない。練習生たちはリング横の狭いスペースで着替えている。練習生が10人も集まれば、満足に体を動かすこともできないだろう。

平敷はちょうど練習着に着替え終えたところで、リングの端に腰をおろし、丁寧にバンテージを巻いているところだった。長いこと使い込んでいるのだろう、真っ白だったはずのバンテージは毛羽だちネズミ色に変色している。カメラを向けると下を向いて照れた表情を浮かべて逃げてしまう。かなりの恥ずかしがり屋とみた。

準備が終わるとストレッチ、シャドーボクシング、ロープスキッピング（縄跳び）、ミット打ち、サンドバックと決められた練習メニューを黙々とこなしていく。プロボクサーの練習は新人ボクサーでも世界チャンピオンでも密度の差こそあれ、内容にそれほど大きな違いがあるわけではない。狭いジムのなか、宍戸会長のとなりで、練習する平敷の様子をカメラ片手に眺めていた。一通り練習が終わり、平敷は最後のストレッチで体をほぐしていた。その様子を見ながら、それまで黙ったまま練習を見守っていた宍戸会長がポツリと言った
「ボクシングはスポーツであってスポーツでない部分がある。試合では相手を殺せといって送り出すこともある。そんなことは他のスポーツじゃありえない。

ラグビーも危険だし登山も危険。でもボクシング以外のスポーツでは相手を痛めつけるのが目的じゃないでしょ。ボクシングは相手を殴り倒すのが目的であって、そこがスポーツであってスポーツでない部分。だから性格的に向き、不向きもある」

この時は宍戸会長がなにを言おうとしているのか僕にはわからなかった。

平敷勇二が小平シシドジムに通うようになったのは、就職のために上京した18歳の夏だった。それまでに本格的にボクシングをしたことはなく、高校時代に半年間だけ部活動で経験したが、インターハイの予選を兼ねた高等学校総合体育大会（高校総体）に参加し、２回戦敗退というのが成績のすべてだ。

「高校に入った頃はボクシングをやろうなんてまるで考えてませんでした、漠然と強くなりたいっていうのはあったんですけど。ボクシングをやってみようと思ったのは、テレビの企画で素人を鍛えてプロボクサーに育てるっていう番組を見て、なんとなくカッコ良かったんで。

高校にボクシング部はなかったんですけど、学校に頼んで作ってもらって。友達３人と始めたんですけど、マジメにやってたのは俺だけでしたね。でもその頃はプロになろうとかそんなことは全然考えてなかったです」

１９８５年3月28日、平敷は沖縄県名護市でサトウキビ農家を営む家に生まれた。３人兄弟の真ん中で、３つ違いの兄、３つ違いの妹がいる。平敷に言わせると「子供の頃から変わり者」で、目立ちたがり屋なのに恥ずかしがり屋、マジメだけど勉強は大嫌い、といった具合に自分の中に常に相反する感情を持ち、行動をとるような少年だった。

小学校の頃から勉強はからっきしで、小、中、高を通して下から数える方が早く、かといって悪ぶってみせるわけでもなく、中学時代はバスケットボール部に入り、毎日遅くまで練習に明け暮れた。

「バスケット部のコーチに米軍の人がいて、その人のつてで夜に基地の中の体育館で練習させてもらって。基地の人たちと練習するんですけどみんなやさしくって、いい人がいっぱいいましたよ。米軍のことを悪く言う人もいたけど、実際にはいい人もいっぱいいるんですよ」

中学時代に熱中したバスケットボールだったが、進学した北部工業高校では続ける気にはなれなかった。真剣にスポーツをやるという雰囲気が、部活動を覗いてみるとまるで感じられなかったからだ。

「部活なんてかったるいことやってらんない」といった空気が学校に漂っているような気がした。たしかにそんな雰囲気のなかでは、バスケットボールのような団体競技は不向きかもしれない。そんなときにテレビで偶然見たのが素人を鍛えてプロボクサーに育てるというバラエティー番組だったというわけだ。

そしてそこに偶然がもうひとつ。北部工業高校に、アマチュアボクシングの審判資格を持った長浜志保が化学を教える教師として赴任してきた。県内では初の女性アマチュアボクシング審判員ということで当時の新聞にも取り上げられ、ちょっとした有名人だった。

○子供の頃からの変わり者
○目立ちたがり屋
○漠然と強くなりたい
○審判員の資格を持った教師が赴任してきた
○テレビでボクサーを育てる番組をやっていた

そのひとつひとつだけでは、ボクシングを始めるきっかけにはなり得なかったかもしれない。とりわけボクシングが好きだったわけでもなく、かつて沖縄を賑わしていたボクサーたちの名前すら知らない。だがそれでも10代半ばの多感な時期には、小さな理由がいくつか集まって、それまでにない化学反応を起こすこともある。

北部工業高校はその昔、ボクシング部が沖縄で一、二を争うほど強い時代があったというが、平敷が入学した頃はボクシング部として活動している部員はひとりもいなかった。友人と３人で長浜に顧問を頼みこみ、空手部の練習スペースを半分譲り受け、倉庫に眠っていたサンドバックとゴングを引っ張り出し、リングはないものの、なんとなく格好だけは取り繕ったボクシング部がスタートした。

アマチュアレフェリーの資格を持つ長浜も熱心で、ボクシングの強豪校へと出向いては指導方法を学んだり、当時名護市内にあった小さなボクシングジムに頭を下げて実技指導を受ける手筈まで整えてくれた。

3年生の6月、インターハイの予選となる高校総体に参加。1回戦でまさかの1ラウンドKO勝ち。だがさすがに付け焼き刃が通用するはずもなく2回戦であっけなく敗退。この敗退でボクシングとの縁は切れるはずだった。プロボクサーを目指しているわけではない平敷にとって、高校卒業後の進路をどうするのかはなによりも優先されるべき将来のかかった大問題だったのだ。

もともと勉強好きではない。大学や専門学校に進学するつもりは毛頭なく、かと言って実家はサトウキビ農家をしていたが経営は厳しく、間近に見ていてとても跡を継ぎたいとは思えなかった。だが、沖縄は就職難で、平敷の成績では県内に就職先を見つけることはまず無理だった。

「やっぱ現実に目の前に就職が迫ってきて、ようやっとマジメに勉強するようになって。電気工事士の資格を取ろうと思ったのもその頃で。就職を考えたとき、絶対に沖縄から出ようとも思いました。就職難もあったけど、沖縄が嫌だっていうのもあったような気がします。電気工事士の免許があれば、内地で就職できるんじゃないかっていう計算もありました」

思惑通り、第二種電気工事士の資格を活かして就職した先は、東京にある電気工事会社だった。社員10人ほどの小さな会社で、本社は繁華街渋谷にあったが、社員寮があるのは郊外の小平市。仕事は大手建築会社の下請けや孫請けのような形で、建築中のビルやマンションに配電盤を設置したり、各部屋のコンセントを取り付けるのが主なもので、忙しいときには深夜の1時、2時まで残業することも珍しくなかった。仕事はきつかったが、それでも夢中になっていれば苦痛に感じることはなかった。

沖縄が嫌で島から出たものの、東京は居心地のいい場所ではなかった。都会の人間に対して嫌悪感を抱き、壁を作って決して交わろうとはしなかった。

「戦争のとき、内地から人がいっぱい来て、沖縄の人はいっぱい殺された」

「内地の人間は沖縄をバカにして性格の悪い奴らが多い」

子供の頃から大人たちに聞かされ続けて出来上がった内地の人間に対する先入観が、高くて頑丈な壁を築いてしまったのかもしれない。

「都会の奴は性格が悪いって決めつけてたんで、仕事の時も必要なこと以外は誰とも口をきかなかったですね。もう誰にも心開けなくって。ところが会社の先輩に島の人が、っていうか奄美の人がいて、その人が東京の人と仲良くしゃべっているのを見て、あっ、島の人間でも東京の人と仲良くなれるんだと思って、それでだんだん東京の人ともうちとけられるようになって。それでも、友達ができるのには何ヶ月もかかりました」

苦痛だったのは休日で、友達がいないからなにもやることがない。忙しさに紛れて忘れていた家族のことを思い出しホームシックになりかけた。同級生たちは神奈川や千葉方面に散っていて、東京には誰も知り合いがいない。それでも寮の部屋にひとりでいるのが嫌で、なんの目的もないまま小平の町を隅から隅までほっつき歩いた。そんなときに見つけたのが「小平シシドジム」だったというわけだ。

仕事と寮を往復するだけの生活にうんざりし始めた上京3ヶ月目の初夏、平敷はジムに入門する。ただしプロを目指したわけではない。単純に気を紛らわせてくれる時間が欲しいだけだった。実際に忙しい仕事をしながらでは毎日ジムに通えるはずもなく、せいぜい週に2日か3日。それも練習時間は1時間程度に過ぎなかった。

だが、通い始めて1月ほどたった頃、ジムのトレーナーが平敷の存在に目を付ける。わずかな期間とはいえ高校時代にボクシングをかじっていたこともあり、「素人にしては動きがいい」というわけだ。プロのライセンスを持つ選手とスパーリングをさせても、パンチを怖がる素振りも見せずそこそこの勝負をする。

「お前ならプロでもやっていけるよ」

「お前強いんじゃない」

「全然行けるよ」

ジムでの評価が高まるにつれ、言われている本人も次第にその気になってくる。そして極めつけは、それまで平敷の存在に目もくれなかったジムの会長、宍戸典雄のひと言だった。

「平敷君、一緒に世界チャンピオンになろう！」

自分の中で盛り上がりつつあった気持ちはそのひと言で沸点に達した。

ここでやらなければ男じゃない。俺は世界チャンピオンになるために東京へ来た！　プロボクサーになるために沖縄を出たんだ！

仕事を続けながらジムに通い、その年の12月、プロテストに合格すると、8ヶ月勤めた電気工事会社を退職。もちろん会社としては退職を考え直すよう慰留したが、決意が固いことを確認すると、逆に励まされ応援まで約束してくれた。後のデビュー戦には後楽園ホールに社員が大勢応援に駆けつけてくれたという。

会社を辞めることに後悔と不安がなかったわけではない。だがそれ以上にプロボクサーとして成功する自分に対する期待の方がその何倍も大きかった。
2、3年以内に日本ランカー。その後23歳で日本チャンピオンになって、25歳で世界チャンピオンに挑戦してタイトルを獲得。30歳でレストラン経営を始め、40歳からは母校での講演を皮切りに全国を行脚する。そんな夢とも妄想ともつかない筋書きをたててはひとりほくそ笑んでいた。

勝てない自分を想像してプロになるボクサーはいない。誰もが世界チャンピオンを目指してジムの門を叩く。だがボクシングの厳しさを知ると、世界チャンピオンへの道のりがいかに細く険しく困難なことであるかを思い知らされる。それでもせめて日本チャンピオン、それが無理でも日本ランカーぐらいにはなれるだろうと信じて厳しいトレーニングに耐え続ける。

自分に自信を持つこと。そして自分を信じ切ること。このふたつは技術や体力と同じくらいボクサーにとって大事なことだ。自信を持ち、自分を信じ切るため、ボクサーは毎日毎日遊ぶのも我慢して汗くさいジムでトレーニングを続ける。

これだけ練習しているのだから昨日の自分より強くなっているに違いない。

これだけ練習してるんだから負けるわけがない。

疑いを抱かずに自分を信じ切ることが出来なければ、プロボクサーは務まらない。自分を信じ切れなくなったとき、そのときにはグローブを置くしかない。

ライセンスを取得した翌年の2004年3月18日、平敷は後楽園ホールで初めてプロのリングに上がった。相手はやはりこの日がデビューの北海道出身の選手だった。

リングの上でまばゆいライトに照らされて観客の視線を一身に集める。これまでの人生で味わったことのない高揚感に包まれていた。ただ極度の緊張のせいか妙に体がふわふわしていて、試合開始を告げるゴングの音がどこか遠くで鳴っているような気がした。

試合が始まってパンチを打っても力が入らない。これまで練習してきたことがまるで思い通りにできない。ただもう目の前にいる相手を思いきり殴ることしか考えられなかった。なんだか知らないうちに試合は最終4ラウンドまで進み1分が過ぎた頃、相手の頭が顔に当たり目尻を切り、出血。レフェリーは試合をストップしてドクターに傷口のチェックを頼んだ。

ルール上、故意のバッティングは反則となり減点の対象になるが、偶然のバッティングは注意を受けるだけとなる。またバッティングやパンチによって怪我をした場合、ドクターが傷口をチェックし、試合が続行可能かどうかを判断する。続行可能となればそのまま試合再開だが、続行不可能と判断された場合は、（試合の進み具合にもよるが）リング下にいる3名のジャッジによって勝敗の判断が下される。

傷が深く血が止まらないためこれ以上の試合続行は無理という判断で、平敷のデビュー戦はあっけない幕切れとなった。「絶対勝ったと思っていた」試合だったが、4ラウンド途中までのポイントを集計した結果、3人のジャッジはいずれも平敷の負けと判定した。

ひとつの負けで自信を失う人間もいれば、ひとつの負けを発奮の種に替える人間もいる。平敷は間違いなく後者のタイプだった。より強くなるために、次は負けないため、それまで以上に練習に打ち込んだ。

「僕がジムに入った頃は練習生が１００人くらいいたんですよ。プロも20人くらいはいたんですけど、毎日練習に出てくるのは僕くらいで、あとは試合が近づくとパラパラ来る程度でした。目標では23歳くらいまでには日本ランキングに入る予定だったんで、毎日毎日遊ぶのも我慢して練習してました」

努力は報われた。次からの３試合で３連勝（２ＫＯ）。通算成績を３勝１敗とした。

プロテストを受験して合格したボクサーにはプロの証であるC級ライセンスが交付される。C級ライセンスを取得したボクサーは、まず４回戦（４ラウンド制の試合）を戦うことになる。４回戦で４勝すると６回戦を戦うことのできるB級ライセンスが、６回戦で２勝すると、８回戦、10回戦を戦うことのできるA級ライセンスが交付される。

あと１勝で６回戦に昇格できるという５試合目、平敷は初めてのＫＯ負けを喫する。きれいに決まったパンチではなかった。あご先をカツンとかするようなフックが入ると、自分でも訳がわからないうちに倒れていた。意識ははっきりしていてダメージも感じられない。それなのになぜか身体に力が入らない。懸命に立ち上がろうともがいているうちにレフェリーがテンカウントを数え終えた。

「それからですよ、自分のボクシングがおかしくなっちゃったのは」

抜け出すことの出来ない長い長いトンネルの入り口だった。

[photo:Takumi Inoue]

プロボクサーとして生きていくために会社を辞めた平敷は、寮を出てジムが紹介してくれた家賃5万円のアパートに移った。仕事は小平駅のひとつとなり、久米川駅前のパチンコ店に見つけた。「プロ」とはいうもののボクシングだけで生活できるのはせいぜい世界チャンピオンぐらいのもので、大概はボクシング以外にもうひとつの仕事を持っている。

ちなみに4回戦ボクサーのファイトマネーは6万円。ここからマネージメント料として33%が引かれるため、一試合で手にする額は約4万円ほど。さらに、ジムによってはファイトマネーが現金ではなく、試合のチケットで支払われることもある。選手はそのチケットを売ることで現金を得るというわけだ。

小平シシドジムの場合、ファイトマネーは現金で支払われていたのだが、平敷はジムからチケットを10数枚預かっては応援に来てくれるという友達にただで渡していた。ジムには売れた枚数（渡した枚数）を報告し、その分をファイトマネーから引いてもらう。だから平敷にはファイトマネーとして入る現金はほぼ差し引きゼロということになる。

「ファイトマネーはできるだけもらわないようにしてるんです。ジムが赤字なのも知ってるからやっぱりもらえませんよ。試合をさせてもらうだけでもありがたいなって。俺の考えではもっと強くなってチケットが売れるようになったらファイトマネーをもらおうと思って。
それにチケットっていちばん安くても3千円するんですよ。そんな高いチケットを友達に売るなんてできませんよ。やっぱ売れなくても、チケットをあげて試合を見に来てもらったほうがうれしいんで」

パチンコ店の勤務時間は朝9時から夕方5時まで。それ以外の時間は、すべてボクシングのために費やした。朝5時半に起きて線路沿いの遊歩道を約8キロのロードワーク、戻ってシャワーを浴びて朝食をとると仕事へ、仕事が終わるとジムでみっちりと汗を流す。外で夕食を済ませてアパートに戻るともうぐったりで、倒れ込むように眠りにつく。遊ぶ暇などあるわけもなく、毎日がその繰り返しだった。

ジムの練習は日曜日が唯一の休みで、ほんとうならはゆっくりと体を休めたいところだが、パチンコ店は日曜が週を通してもっとも忙しい1日となる。

「ボクシングをやっているから仕事は手を抜きたい気持ちもありました。でも俺のなかでバイトもしっかりできないでなにがボクシングだっていう考えもあって、だからバイトもしっかりやってたんです」

生真面目な性格なのだろう、ボクシングの練習も仕事も器用にではないがしっかりとこなしていく。ボクサーは試合があるとその前後に仕事を休まなくてはならない。そのため勤め先の理解がなければ仕事を長く続けることは難しい。それを平敷は5年間、勤め先を変えることなく続けてきた。勤務評価も高くて信頼も厚い。正社員として採用したいという話も度々あった。

「ボクシングってやってみると見た目以上にキツイから、まじめじゃないと続かないですよ。昔どんなにヤンキーだったとしても、ボクシングをしっかりやっている人は根がまじめですよ。俺もまじめだったばっかりにボクシングなんかはじめちゃって。生活のほぼ全部をボクシングに賭けてるみたいな。

でも、どんなに頑張っても結果がついてこないと…。あと1勝で6回戦に行けるっていう試合にKOで負けて。でもそれからなにくそっていう気持ちで、それまで以上に頑張って練習したんですよ。それでも勝てなくて」

3勝1敗だった成績は、2年のあいだに3勝5敗と負け越していた。嫌気がさして練習の手を抜いたわけではない。それどころか負ければそれまで以上にきつい練習を自分に課した。昨日より強い自分になるために、リングの上で戦ってただ勝つために毎日の生活があった。

4回戦のボクサーなら、4ラウンドの最後まで戦ってもリングの上で過ごす時間はわずか12分。その12分のためだけに平敷の変わりばえのない毎日が費やされていた。

「プロボクサーになる人って、誰でも自分には才能があって強くなれると思ってるんですよ。世界チャンピオンにならないと食っていけないこともわかってるだろうし。自分には才能があるって信じてないとできない職業だと思うんです」

負け続けても負け続けても平敷は本当に自分の才能を信じていたのだろうか？　信じていたというより、疑いを持つことを恐れていたのではないか。自分の才能に疑いを持ってしまえば、ボクサーとして生きていくのは難しい。だからこそ厳しい練習を課し、疑いを持つ隙を与えないようにしていたのだろう。

いくら肉体をいじめても心まではごまかせない。結果の伴わない練習と報われることのない試合結果で平敷は追いつめられていく。考えないために仕事に没頭して、考えないために練習に没頭する。そうすれば疲れ果てて泥のように眠りに落ちることができた。それでもふとした隙をついて不安が顔をのぞかせる。

「もしかしたらこのまま勝つことができないんじゃないか…」

そう考えると心が沈み鬱々とした気分から抜け出すことができなくなる。なるべく考える時間を与えないように仕事と練習にさらに没頭する。焦りと不安に押しつぶされそうな2年間を過ごしていた。

プロボクサーとしてリングに上がるためには、日本プロボクシング協会に加盟するボクシングジムに所属していることが大前提となる。沖縄から北海道まで、全国に散らばるボクシングジムの数は２０１２年７月現在で３００弱。このなかで大手といわれるジムのほとんどは東京周辺に固まっている。

大手ジムでは自らが試合を定期的に主催し、所属選手を優先的に出場させることができるため、勝てると踏んだ相手を選んで対戦させ自信を持たせるなど、選手を計画的に育てることが出来る。

いっぽう資金力の乏しいジムでは、単独で試合を主催することが出来ないため、いくつかのジムが共同で試合を主催するなどの努力はしているものの、基本的には試合の打診を待つ受け身の体勢にならざるを得ない。そのため、どういう対戦相手と試合をするのかはいきあたりばったりで、思い通りに選手を育てるのが難しいとも言える。

そして平敷の所属する小平シシドジムもまたそうした弱小ジムのひとつだった。

２００６年９月９日。平敷の対戦相手は林延明(ファイティング原田ジム)。林もまた平敷同様、6回戦まであと1勝としながら足踏みを続けていて戦績は3勝5敗。勝った方が6回戦への切符を掴むことが出来るという、ある意味その後のボクサー人生を左右する組み合わせだった。

ゴングが鳴って先に飛び出したのは林だった。左右の連打で平敷を追いつめる。甘いガードの隙をついて、容赦なくパンチがたたき込まれる。防戦一方の平敷も時折右のストレートをくり出すものの、なかなか捕らえることができずにいた。

勝負は一発のパンチで決まった。1ラウンドはこのまま林の優勢で終わるのかと思われた終盤、甘くなっていた林のガードの隙をついて、平敷の右ストレートがきれいに顔面を打ち抜いた。なにが起こったのかわからないというように林は一瞬棒立ちになり、そのままスローモーションで崩れるようにキャンパスに沈んだ。

1ラウンド2分38秒、KO勝ち。

どうあがいても抜け出せなかった長いトンネルの出口は、抜け出してみればあっけないものだった。

「負け続けてるあいだもみんなが俺のこと応援してくれて。あの試合のときもパチンコ屋の社員の人とか友達とか30人くらいが来てくれて、俺、すごいうれしかったんですよ。これは絶対に勝たなくちゃいけないと思って歯を食いしばってやったら1ラウンドで勝っちゃって。

応援に来てくれた人のなかには泣いて喜んでくれる人もいて。もううれしくってうれしくって、それまでは勝ってもそんなことしたことなかったのに、リングの上で飛び跳ねてものすごく大きな声で『オーーーーーッ』とか叫んじゃったんですよ。

もうこれで死んでもいいと思いましたね。あー、俺はもうこのまま死んでもいいやって。たぶんこの先生きていてもこれ以上の幸せはもうないんだろうなぁと思って」

不器用なのだ。ボクシングも生き方も。

初対面の印象はつっけんどんで無愛想。短く刈り込んだ頭に細い目。あいさつしてもニコリともしない。だが付きあっているうちにそれが飾れない彼の性格故だと気がつく。大きな夢があって、それを叶えるために一生懸命で、何をするにも全力で、本当はおしゃべりで酒が入るとにぎやかになって…。本当の姿を知れば魅力的な人間だと気がつく。平敷勇二はそんな人間なのだ。

だからこそ負け続けても心から応援してくれる人がいるし、その苦しみを端から見ていたから勝利に泣いてくれる人もいる。チャンピオンになったわけでもない平敷の勝利は、それでも見ている人の心を大きく揺さぶったことは確かだった。


6回戦に昇格したものの、それからも勝ち星には恵まれなかった。

「もうそろそろグローブを置いたほうがいいのかもしれない」

迷いが芽生える。

一方で芽を摘もうとする自分もいる。

「まだまだ出来るはずだ」

だが一度芽生えた迷いは摘んでも摘んでも頭をもたげてくる。

ジムでの練習をさぼることはなかったものの、毎朝のロードワークをさぼるようになった。毎日走っていたのが週に2日か3日に減る。ジムでの練習後に友達と居酒屋に行く回数が増える。飲み過ぎた翌日は走れない。やがて走ることはほとんどなくなった。

持久力と筋力を鍛えるロードワークはボクサーにとっては基本中の基本で、「走らないボクサーは勝てない」とまで言われるほどだ。その言葉通りに２００７年には3戦して3敗。さすがに心が折れた。迷いの芽は心の中に大きな根を張り、もはや摘みとることが不可能なほどに大きく育っていた。

「あと一試合だけやって、勝っても負けてもボクシングを辞めます」

宍戸会長に引退を告げたのは２００７年12月18日の試合後、冒頭に書いた試合の数日後のことだった。

「あの試合、自分でもこれまででいちばん練習したんです。いちばん練習して挑んだ試合だったんで、たぶんいままででいちばん強い自分だったと思うんです。にもかかわらずああいう負け方をして。さすがにもう夢を見られなくなったというか…。走ってないんだから勝てるわけがないって言われればそれまでなんですけど。

これ以上ボクシングを続けるっていうのは頭にないんで。だから今は次に何をしようかって考えながらボクシングをしている状態です。あと一試合を悔いの無いように戦いたい、一回でいいから6回戦で勝ちたいとは思ってるんですけど、情熱がわいてこないんですよ。

ボクシング辞めたあとは居酒屋で働いて見たいとなぁと思ってるんです。それで40歳くらいまでにお金を貯めてに自分の店を持ちたい。今度はそれを夢に生きていこうかなと思ってるんです。ボクシングで夢は叶なわなかったけど、やっぱ夢がないと楽しくないですから。

ボクシングって誰でも夢を見られるところがいいなって思うんです。どんなに身体の小さい奴でもミニマム級があるし、でっかい奴でもミドル級があって。誰でも練習さえつめばプロボクサーになれるじゃないですか。そこがすごくいいなぁと思って。プロレスは身体が大きくないとなれないし、陸上はとびきり足が速くないとダメだし。でもボクシングは普通の人でもプロになれる。いっぱい夢を見られるんですよ。

本当は悔しいからそう言いたくないんですけど、いっぱいいっぱい夢見れましたね」

2008年7月28日。平敷勇二のラストマッチはデビュー以来慣れ親しんだ後楽園ホールでの6回戦だった。対戦相手はこの日まで4勝7敗の設楽賢太（日東ボクシングジム）。設楽もまた6回戦に昇格してからは勝利がなく、5連敗でこの日を迎えていた。

黒いTシャツに白のトランクス、赤いグローブに黒のシューズ。リングアナウンサーのコールを受けてリングに向かう。両拳を額にあてがい、うつむいて祈るように数秒目を閉じてからゆっくりとリングに上がる。表情は厳しいもののさほど緊張しているようには見えない。

リングアナウンサーによる両選手の紹介に続き、レフェリーがリング中央に両者を呼びよせ、試合中の注意点を伝える。両選手が赤と青のコーナーに戻って間もなくゴングが鳴った。

1ラウンド。ジャブ、ジャブ、ストレート。開始早々にいきなり先制パンチをもらうが後半は盛り返し相手をコーナーに追いつめる。平敷のパンチが相手を捉えると、セコンドから「相手効いてるぞ！」と鼓舞する声が飛ぶ。その声に応えるように平敷も攻めるが捉えきれないままラウンドを終えた。

2ラウンド、お互いに攻め手を欠いたまま2分が過ぎた頃、設楽の左フックが平敷の顔を打ち抜く。相手セコンド陣は沸き立つが、平敷にそれほど効いた様子は見られない。

互角に渡り合っていた試合が動いたのは3ラウンドだった。相手のパンチが顔面を的確に捉え始める。みるみる顔が真っ赤に腫れ上がり、早くもスタミナが切れ始めたのかガードが下がり、そこをさらに打ち込まれる。

続く4、5ラウンドはいつ倒されても、いつレフェリーが試合をストップしてもおかしくない一方的な展開。前回の試合を彷彿させるようにトランクスは血に染まり、圧倒的な攻撃の前になすすべもない。それでも平敷は一歩も下がらない。設楽も疲れてきたのか手数は減っているが、圧倒的に押されているのは確かだった。試合を観戦しながら僕は平敷の話を思い出していた。

「一方的に打たれていても、一発でも俺のいいパンチが決まれば相手が倒れるかもしれないじゃないですか。だから自分からあきらめることは絶対にないです。あきらめて負けるくらいなら死んだ方がいい。

ボクシングをやってない人が聞いたら死んだほうがいいなんて言ってもどうせ本気じゃないんだろうって言うと思うんですけど、でもボクシングやってる俺からしたら、負けるくらいなら死んだ方がいいって思うんですよ。本気で」

6ラウンド。平敷も最後の力を振り絞ってパンチを繰り出す。両者一歩も引かない。足を止めての壮絶な打ち合いに後楽園ホールが大きな歓声に揺れる。

後楽園ホールのボクシングファンの目は厳しい。つまらない試合、消極的な試合には例えタイトルマッチであっても痛烈なヤジが飛ぶ。また逆に全力を振り絞った好ファイトには、4回戦でも大きな歓声と惜しみない拍手が送られる。試合はそんな歓声のなか、ゴングが鳴り響くまで打ち合いが続き、結果は判定へと持ち込された。

3人のジャッジによる判定は59-55がひとり、59-56がふたり。3-0の判定で、平敷はラストマッチを白星で飾ることができなかった。だが判定を聞いても平敷の表情に落胆はなく、むしろ試合を十分に楽しんだようなサバサバとした様子で笑みさえ浮かんでいた。

[photo:Takumi Inoue]

デビュー以来5年にわたったプロボクサーとしての生活はここに幕を閉じた。目に見える形での実績は4勝9敗1分という数字しか残っていない。どう見ても威張れるような成績ではない。長い人生を考えれば、プロボクサーとしての5年間など青春の一コマだと片づけてしまうこともできる。だが平敷にとってはそれこそ人生を賭けてボクシングと対峙した濃密な時間だった。普通に生活している人間には決して得ることの出来ない濃密な時間と体験は、今後平敷がどういう人生を送るにしても大きな影響を与えるはずだ。

その日の22時過ぎ、平敷から電話があった。

「きょうは来てもらったのに勝てなくて申し訳なかったです。勝てなかったけどじゅうぶん楽しめました。ありがとうございました」

短い電話だったがその声は吹っ切れたように明るかった。

元フェザー級の日本ランカー、木内信弥が会長を務めるKSボクシングジムは、西武新宿線久米川駅の近くにある。木内は現役時代、小平シシドジムに所属し、平敷とも何度かスパーリングでグローブを交えている。引退後はトレーナーとして指導にあたり、平敷のラストマッチではセコンドにもついている。その木内に平敷の印象を聞いてみた。

「テクニックうんぬんより、とにかくファイターで前に前に出てくるタイプでしたね。僕が現役選手の頃は同じフェザー級だったんで、何度かスパーリングした覚えがあります。打っても打ってもとにかく向かってくるんでやりにくかったですよ。

最後の試合は最盛期と比べると弱くなってましたね。前には出る気持ちはあったけど途中からはスタミナがキレて足の動きも良くなかったしパンチのスピードも落ちてた。

まぁシシドジムはよく言えば自主性を重んじた放任主義。基本的な指導は最初にあるんですけど細かい指導はほとんどなかったですね。そのスタイルが合う選手にはいいんでしょうけれど」

木内は１９９２年から２００５年まで日本のリングに上り、その後２年ほどはタイやシンガポールのリングでも戦った経験を持つ。

現役引退後は小平シシドジムでトレーナーとして指導にあたっていたが２００８年、宍戸典雄会長が脳梗塞で倒れてしまったことからジムを引き継ぎ、２００９年2月からは西武新宿線の久米川駅近くに移り、名称をＫＳボクシングジムに改め、新たにスタートを切っている。

木内の話を聞いたうえで、なぜ平敷はボクサーとして結果を残すことが出来なかったのか考えてみる。ジムでの練習を見た限りではシャドウボクシングの動きもスムーズできれいだし、サンドバックを叩く音は小気味よく軽快で、力がうまく拳にのっているように感じられた。残念ながら平敷が勝った試合を見たことがないので何とも言い難いが、４勝のうち３勝がＫＯ勝ちということを考えればパンチ力もそこそこあったのかもしれない。

それでも満足な結果を残せなかったのは、木内の言うところの「ジムの放任主義」に一因があったと考える。天性の才能はなかったとしても、ボクシングの技術をしっかりと教えてくれる指導者がいれば、もうちょっと違った結果が残っていたかもしれない。

そしてもうひとつは気持ち。

「東京に出てきた頃やプロになりたての頃は、沖縄をバカにするなよっていう気持ちがありました。おじいちゃんやおばあちゃんに聞いてたんですけど、内地の人間は沖縄をバカにしているって。そんな奴らに負けるなって教えられてたんで。

でも地元に友達がいっぱいできるとそういう気持ちはなくなりました、同じ日本人だし。そういう気持ちを持ち続けられれば良かったのかもしれないけど、そこまでストイックにはなれなかったですね。付き合ってみるといい人ばっかりで。今じゃ沖縄より久米川のほうが地元っていう感じです。

考えてみると俺のボクシングはただ強い奴に負けたくなかっただけで、沖縄のためにとかそういうのはまるでなかったです。そこらへんで威張ってる不良に一対一で負けたくないっていうガキの気持ちの延長みたいなものでしたね。

後楽園ホールで試合が終わるとシャワーを浴びるんですけど、そこでたいてい対戦相手の人といっしょになるんですよ。そのときに話をすると、ついさっきまで殴り合ってたのにヘンなんですけど、ホントにいい人たちなんです。いままでの対戦相手はホントみんないい人でした。もしかしたらボクシングやってる人に悪い人はいないんじゃないかって思うくらい。なかにはガンコな人もいるんですけど、根は素直なんですよ。

あとはボクシングが正直すぎるとも言われました。相手の正面から攻めて、とにかく前に出るだけ。考えてみると、狡いのと賢いのとは表裏で、もう少しそこがわかっていればと今は思うんですよ。トリッキーな動きやフェイントを混ぜるとか。でも狡く生きるのは嫌なんで、わかっていたとしても結局は正直なボクシングしかできなかったと思いますけど」


生活の中心にあったボクシングがなくなると、仕事を終えた後の時間がごっそり空いた。ところが、ジムに通っていた時刻になると決まって睡魔が襲ってくる。バンテージを巻いて練習の準備をしていた時間にうたた寝できるのは至福の時間だった。うたた寝から目覚めると友人たちと居酒屋に繰り出す。ボクシングを辞めた直後は生活費が危うくなるまでそんな毎日を続けていた。

「最初は楽しかったんですよ。毎日好きなようにできて。早い時間から友達とわいわい居酒屋に行くのも楽しかったし。でも時間がたってくるとやっぱりボクシングがないっていう喪失感が大きくなってきて、こんどはそれを酒で埋めるようになっちゃって。

やっぱ自分のやってきたことを誇りたいっていう気持ちがあって、俺はボクシングを一生懸命やったんだぞ、プロのリングで闘ってきたんだぞっていう話を酒飲みながら延々として。酒飲んでるから何度も何度も同じ話をするんですよね。次の日に『おまえ昨日ひどかったぞ』って言われるのが続きましたね。

さすがにこれはまずいなぁと思って仕事を探し始めたのはボクシングを辞めてから2ヶ月くらいして。いままではボクシングをしていたからアルバイトでも良かったけど、ボクシングしてないのにパチンコ屋のアルバイトですなんて恥ずかしくて」

ボクシングを辞めた後は居酒屋で働きたい。料理を覚えていずれは自分の店を持ちたい。そう話していた通り、ラストマッチから3ヶ月後、飲食店に働き口を見つけた。正社員で調理場を希望したが、まずはアルバイトでスタートして勤務態度次第では正社員として登用するという条件で仕事を始めた。

勤務先は和食から中華、エスニック、イタリアンまであらゆる店舗を全国展開しているチェーン店のうちのひとつ。チェーン店とはいうものの、どの店舗も素材からひとつひとつ料理を作っているのが特徴で、ここでなら料理を一から学べるかもしれないと考えての選択だった。

その後、平敷は勤務態度が認められ正社員として登用された。そして２０１１年からは店長として系列の中華料理店を任されるまでになっている。

「いまはどういうイメージで店造りをすればもっとお客さんが入ってくれるのか、どういう接客をすればまた来てもらえるか、そういうことばっか考えてます。調理場には入れなかったけど待遇も悪くないし、任されてる店の売り上げも順調に伸びてるんで。なかなか休みが取れなくて体力的にはきついけどボクシングしていた頃よりは精神的に安定してます。

32席ある店なんですけど、調理専門の中国人のスタッフがふたりとアルバイトがひとり。忙しいときは調理の補助もしますけど主にはホール仕事ですね。今はこのまま働いて会社で偉くなる方がいいのか、やっぱり自分の店を持つべきなのか悩んでます」

高校を卒業して上京したひとりの青年はボクシングのチャンピオンを目指してもがき苦しみながらもその夢を叶えることは出来なかった。だが彼はボクシングを通じて夢を実現させるための努力がどれだけ大切なのかを学んだ。賢い生き方ではないかもしれないが、目標を定めたら叶えるための努力を怠らない。とりあえずの目標は現在の店を系列店のなかでもトップクラスの売り上げを誇る店にしたいと考えている。

沖縄に戻る予定は、当分ない。

嘉陽宗嗣

世界戦で負けた試合が悔しくて。
あとちょっとで夢に手が届くところまで
いったのに掴めなかった。

ウーマクーがそのまま大人になったような…。それが嘉陽宗嗣の初対面の印象だった。意志の強さを感じさせる太い眉、普段は優しげだがひとたびリングに上がると鋭く相手を射抜く鋭い眼光。ちょっと上を向いた鼻。太い首の上にあるなんともきかん気の強そうな顔も、どこか憎めない愛嬌がある。たぶん子供の頃からそれほど変わっていないはずだと想像する。

テーブルの料理が次から次へと口の中に消えていく。ちょっと油断しているとひとくちも味わってないのにカラになっていたり。とにかくよく食べる。ボクサーの食欲は概して旺盛だ。プロボクサーというと日々減量のイメージがあるが決してそんなことはない。ハードな練習でカロリーは毎日大量に消費される。消費したカロリーを補充しなければ、満足な練習はできない。だからイメージとは裏腹に試合がないときのボクサーはよく食べる。

だが、試合ともなるとそれぞれのクラスに合わせて体重を落とさなければならない。例えば嘉陽の主戦場、ライトフライ級ならリミットは48・97キロ。普段の体重とこの48・97キロとの差が小さければ減量は楽だし、差が大きければ大きいほど減量はきつくなる。だから多くのプロボクサーは現状体重とリミット体重との差を考えて食べる量を気にする。それが「好きなものを食べるのも我慢して」の生活ということになる。

ところが嘉陽は本当によく食べる。だから普段は試合のときとはまるで別人だ。体重差は10キロ以上。だから減量もきつい。

「たぶん俺、前世は浮浪者だったと思うんですよ。食いたいものも満足に食べられなかった。その恨みが俺をこんなに食わせるんです。まわりからも普段から食べ過ぎるなって言われるんですけどできない。そこが俺の甘いところですね」

悪びれる様子もなく言ってのけてニヤリと笑う。やっぱり憎めないヤツだ。

嘉陽宗嗣の試合を最初に見たのは２００３年12月のことだった。後楽園ホールで行われた８回戦。この日までデビュー以来８戦全勝。白井・具志堅スポーツジムが将来を嘱望する期待の選手だった。サウスポーの構えからスピードの乗ったジャブを突きながら間合いを詰めていく。詰めておいての強烈な左ストレート。試合はタイ人ボクサーを相手に、３ラウンド鮮やかなＫＯで勝利を収めたのを記憶している。

その後も順調に勝ち星を重ねると２００５年２月14日、11勝無敗で東洋太平洋ライトフライ級チャンピオン、山口真吾（渡嘉敷ジム）に挑戦する。だが結果は2-1の判定で敗れ、タイトル獲得はならなかった。

だが同年７月の復帰戦をＫＯ勝利で飾るとその勢いのまま12月12日、山口真吾からタイトルを奪った増田貴久（三迫ジム）に挑戦。３−０の判定で、東洋太平洋ライトフライ級のタイトルをものにした。プロボクサーとしてデビューして４年弱、アマチュア時代からも含めて、初めて手にしたチャンピオンの称号だった。

翌２００６年６月12日、タイのファーカノン・シンドンタイを挑戦者に迎え、これを２ラウンドＫＯで防衛すると、世界挑戦のためタイトルを返上。

同年10月９日、ライトフライ級世界チャンピオン、ワンディ・シンワンチャー（タイ）に挑戦。この試合では前日の計量で、チャンピオンが体重オーバーだったため、引き分けでも嘉陽の戴冠という試合だったが０−３の判定負け。悲願の世界タイトル獲得はならなかった。それでも翌２００７年４月15日、日本ライトフライ級チャンピオン、増田信晃（駿河ジム）に挑戦し、３−０の判定で日本タイトルを獲得。東洋太平洋に続いて２本目のベルトを手に入れる。

以降２００９年10月12日に宮崎亮（井岡ジム）に負傷判定で敗れてタイトルを失うまで、５度の防衛を果たしている。

２０１２年４月の時点でデビュー以来の戦績は26戦して21勝（９ＫＯ）３敗３分。３つの負けは「世界」「東洋太平洋」「日本」、それぞれのタイトルマッチで喫したものがひとつずつあるだけだ。

最初に嘉陽の試合を見て以降、なかなか試合を見る機会がなかった。マメに足を運ぶようになったのは、日本ライトフライ級のタイトル獲得後のことだ。それを踏まえた上で言えば、嘉陽宗嗣のボクシングは決して華麗ではなかった。相手を圧倒してスカッとした勝ち方をしたのは最初に見た試合以外になく、むしろ「肉を切らせて骨を断つ」とでも言うように、打ち合いの末に勝利をかすめとる、もしくはぎりぎり引き分けに持ち込んでなんとか防衛をするというような、見ていて首をかしげたくなるような試合ばかりだった。

ハードパンチで相手をマットに沈めるでもなく、ヒラリヒラリとパンチをかわす抜群のディフェンステクニックを披露するわけでもない。正直言ってこれでよく「東洋太平洋」「日本」とふたつもタイトルを獲れたものだといぶかしく思っていたのだが、それには理由があった。だがその真相は後に譲ることにする。

1983年11月16日、嘉陽宗嗣は国頭郡今帰仁村で生まれた。4人兄弟の上から2番目。上に年子の姉が、下に2歳違いの弟、8歳下の妹と続く。さぞかし活発な少年時代を過ごしたのかと思いきや、嘉陽の話は思いがけないものだった。

「俺、幼稚園の卒園式の前日に、足の付け根が痛くて母ちゃんと一緒に病院に行ったんですよ。その2ヶ月前くらいから痛くてヒョコヒョコ足を引きずる変な歩き方をしてて、今帰仁村の医者に行ったら成長期の痛みだって言われたんです。ほっといても大丈夫って言われたのに、いつまでたっても治らなくて。それで名護の病院に行ったのが卒園式の前日で、そうしたらこれは2年間入院ですよって言われてそのまま入院。

ペルテスっていう骨の病気です。手術の順番待ちで名護の病院に2ヶ月くらい入院していたんですけど、いつ手術できるかわからないっていうことで那覇の病院に移ったんですよ。与儀公園近くの病院に入院して、そこで手術を受けました。

2年間で2度手術して、最初の手術は針金を入れて骨の成長を整えて、1年後に針金を取る手術。だから俺、小学校の2年生まで那覇の養護学校に通ってたんです。今帰仁の小学校に通えるようになったのは2年生の3学期からなんです」

【ペルテス病】

小学校入学前後の年齢で、男児によくおこります。病気の本態は、発育しつつある大腿骨頭への血液供給が障害されて、一時的に成長しつつある骨頭の骨が死んでしまうことにあります。しかし、いったん骨頭の骨が死んでしまっても、まわりから栄養血管が入り込んできて、二～三年のうちにまたつくり変えられます。

［原因］

よくわかっていません。たいていの場合はよく治り、あとになって股関節がひどく変形したり、痛みや歩行障害を起こすことはほとんどありません。

［症状］

おもに足の不自由や痛みです。特に原因となるようなことがないのに、子供が足をひきずったり、歩くときに股関節やひざ関節の痛みを訴えます。〈後略〉

［診断と治療］

股関節のX線写真をとると、成長している骨頭がつぶれている変化が見られます。このつぶれ方や子供の年齢などを考慮して、治療方針がたてられます。そのまま観察するだけでよいこともあれば、股関節へ体重がかかるのをできるだけ少なくするような免荷装具をつけたり、場合によっては手術がよいこともあります。〈後略〉

（『最新家庭の医学』（主婦と生活社）より抜粋）

要するに原因不明の骨の病気で、股関節の痛みをともない、放っておいて直ることもあれば手術が必要な場合もあると。手術を必要とした嘉陽の病状はとりわけ重症だったということだろうか。甘えたい盛りの子供が病気治療のためとはいえ、長期にわたって家族と離ればなれで生活しなければならないのはさぞやつらかったことだろう。また幼い我が子をひとりぼっちにせざるをえない状況は両親にとってもつらいことだったに違いない。そしてこの幼児体験が後年の嘉陽を極度の医者嫌いへと仕立て上げる大きな要因となる。

長い入院生活を終え、今帰仁村の小学校に編入したのは小学校2年生の3学期になってからのこと。幸い手術の経過も順調で何不自由なく過ごせるまでに回復した。3年生になると同時に、地元の少年野球チーム「今帰仁ジュニア」に入団。ポジションはセカンドで主に2番バッターとして活躍し、チームは沖縄県で3位になったこともある。

少年野球とはいえ練習は厳しく、いがぐり頭の嘉陽少年は泥だらけになるまで球を追い続けた。遊びの延長としてではなく、スポーツに真剣に取り組む姿勢というものを最初に学んだのがこのときだった。

少々話は逸れるが日本ライトフライ級のタイトルを獲得し、2度目の防衛戦を控えていた2008年1月、『ファイティングシーサー』というタイトルのCDがリリースされている。歌っているのは喜屋武綾乃。癒し系シンガーソングライターと呼ばれる彼女が、嘉陽の入場曲として作詞作曲したこの曲は、タワーレコード那覇店で売り上げ1位も記録している。

嘉陽と喜屋武は共に今帰仁村の出身で小学校、中学校もいっしょの同級生。さらに少年野球チーム「今帰仁ジュニア」で喜屋武は男子に混ざって紅一点のレギュラー。嘉陽の記憶ではファーストを守り、打順は8番か9番だったという。

「喜屋武は4年から入ってきたんじゃないですかね。男に負けず頑張ってましたね。監督も女扱いしないでケツバットとかバシーンってやられてましたね。喜屋武は中学に入ってからも学校の野球部に入ったんですよ。女はあいつひとり。たぶん女子が野球部に入ったのって初めてだったんじゃないですかね。家も近くて幼なじみで仲が良くって、よく一緒に水源にカエル捕りに行ったりしましたね。あいつは高校を卒業して、バンドをやるために大阪に行ったんですよ。それで何年かして俺の入場曲を作ろうよって言ってきてくれて、出来上がったのが『ファイティングシーサー』なんです」

曲は渚によせては引く静かな波の音から始まる。やがて波音にかぶさるように三線の音色が加わり、さらにパーカッションが追いかける。次第にアップテンポの軽快なリズムにとってかわると、待っていたかのように喜屋武の伸びやかで透明感のある歌声が響き始める。

ハイヤイヤササ　ハイヤイヤササ
ハイヤイヤササ　ハイヤイヤササ

皆の視線を最大に浴び　ファイティングシーサーの文字を揚げ
今こうしてリングに立っているんだ
どんな事があっても俺は倒れない

この左のコブシがある限り
周りを見渡すこの感動
ドゥシグワーむするてぃ　今日はベリーナイスディ

ハイヤイヤササ　ハイヤイヤササ
ハイヤイヤササ　ハイヤイヤササ

常に見守り　背中押す　ドゥシがくれるエナジーを
この胸　心にそう　感じ　上る　リング上
Don't stop 止まぬ　歓声の　スコールと
世界一の　称号　届ける　左コブシで

指笛に乗りながら　身体　気分が高まり　いざ戦いのステージへ
最愛の人達に　贈る

チバリヨ～わったぁ自慢のやんばるのフゥシよ

チバリヨ~わったぁ自慢のうちなぁ~のフゥシよ
さぁ嘉陽あとはお前の見せ所
ファイティングシーサーよ　今舞い上がれ

野球少年だった嘉陽がボクシングを始めたのは野球部に所属していた中学2年生のとき。その理由は単純明快。「ケンカが強くなりたかった」から。そしてもうひとつ、「いとこの兄貴にあこがれて」。

「中学入ったときチビで1メートル34センチしかなかったんですよ。女の子より小さくって、それでいつもまわりからちょっかい出されてなめられたりしてて。それでボクシングやったら強くなれるんじゃないかと思って。でもジムに通うようになって3ヶ月くらいたってからケンカしたら負けましたけど」

嘉陽の3歳年上に、プロボクシングのミニマム級、ライトフライ級で活躍した宮城誠という選手がいた。東京の帝拳ジムに所属し、日本ランク3位にまで順位を上げたが、試合による怪我が原因で、２００８年に引退している。名護市出身のこの宮城誠が、嘉陽の言う「いとこの兄貴」である。

「憧れのニーニー」だった宮城にならい、野球部の部活が終わると20分ほどバスに揺られ、さらに30分ほど歩いて名護市にあったボクシングジムに通うようになった。

野球部の練習を終えてからボクシングジムで約2時間の練習。帰りは父親がクルマで迎えに来てくれた。運動神経は抜群だがチビの中学生にそれほど体力があるはずもなく、家に帰って夕食をすませるともうなにもできない。勉強なんてとんでもない。野球とボクシング以外はなにもしない中学生活だった。

しかしどんな中学生にも進路を決めなくてはならない中学3年生はやって来る。当然のごとく勉強などしたことのない宗嗣少年にも。そしてここでも嘉陽はいとこの兄貴の背中を追う、「俺もニーニーのとこ行きたい」。

宮城誠が通っていたのは興南高校。ボクシング部に所属し、監督をつとめる金城真吉の自宅で合宿生活を送っていた。宮城の口利きにより、金城監督の推薦ということで宗嗣少年は晴れて高校一年生となった。ただし興南高校ではなく沖縄尚学高校。

これは興南高校のボクシング部が廃部となり、監督を務めていた金城が新たに沖縄尚学高校でボクシング部を指導することになったというてんまつによる。

「でも、最初は親がダメって言うんですよ。ボクシングすることにも反対で。家も金持ちじゃないんで、沖縄尚学は私立だし、寮にも入るし。お金がかかりますからね。それで何度も何度も土下座してお願いして、最後は泣く泣く許してもらいました」

中学校を卒業すると間もなく、入学式を待たずして金城監督の自宅横にある寮に入り、ボクシング部員としての生活をスタートさせた。当初新入部員は嘉陽を含めて3人。後にひとり加わるが、間もなくふたりが退部して同期はすぐにふたりだけになった。

当時はボクシング部のしきたりで、上級生の洗濯や掃除はすべて1年生の役目とされていた。

人数がいればまだしも、たったふたりですべてを終わらせるのは至難の業で、毎晩夜中の1時、2時まで洗濯物と格闘していた。どんなに遅くなったとしても起床時間は朝5時30分。6時に約6キロほどのロードワークに出て、戻ってから朝食。食後に食器を片づけるのも1年生の仕事で、それを終わらせてから登校ということになる。

唯一体を休められるのが高校の授業時間だった。上級生への気疲れも、緊張感からも解放される。深夜までかかる洗濯による寝不足と厳しいトレーニングによる疲れは授業中の居眠りで解消した。1日の授業を終えて高校から寮に戻ると午後4時頃から、監督の自宅2階にあるジムでの練習が始まる。高校生の部活動とはいえ、練習内容はプロと比べても遜色ないほど真剣でハードなものだった。

それでも練習がきつくて辞めたいと思ったことは一度もなかった。厳しい上下関係や洗濯が嫌で、辞めたいと思ったことは何度もあったという。その思いを練習にぶつけ、1年生の終わりには同じ階級の先輩に勝ち、出場した大会では団体戦で優勝するまでに成長していた。

「あの頃に金城監督から言われたことは爆裂的に吸収されたというか、極端に言えば小さい子供が親に言われたことを素直に聞き入れるように純粋に入ってくるというか。いまはプロになってボクシングに対しても自分の意見があるんですけど、それでも金城監督の言うことは今でも特別です。たとえ自分が世界チャンピオンになったとしても、それでも絶対監督には頭があがらないですね。もう雲の上の人っていう感じですね。俺のなかでは親を超えてますもんね。親にダメと言われても聞かないけど、監督にダメと言われたら素直に聞きますね、今でも」

金城真吉。この人を抜きにして沖縄のボクシングを語ることはできない。興南高校、沖縄尚学高校で長らくボクシング部の指導を続け、これまでに何人もの高校生チャンピオンを育てている。教え子のなかには１９７６年にチャンピオンとなり13度の防衛を果たした具志堅用高をはじめ、上原康恒、浜田剛史、平仲明信といった世界チャンピオンの他、数多くの日本チャンピオン、東洋太平洋チャンピオンを輩出している。かつて沖縄がボクシング王国と言われたのも、金城真吉の存在があったからこそに他ならない。

長年ボクシング部の監督を務めてはいるが、高校の教師ではない。既に定年退職されているが、消防署勤務の傍らボクシングの指導を続けてきたのだ。消防署の勤務は基本24時間勤務で翌日が休みとなる。だから毎日のように指導することはできない。そんな状況にあっても数多くの名選手を育て上げることができたのは、金城のボクシングに賭ける情熱と、それを支えてきた清子夫人の助けがあってこそのものなのだが、詳しくは後に譲る。

嘉陽が高校時代に金城から受けた影響は計り知れない。ボクシングの基礎はもちろんのこと、ボクシングに取り組む考え方に始まり、日常生活での基本までありとあらゆることを徹底的に叩き込まれた。ただし、手取り足取りで教えてくれるわけではない。ヒントを与え、あとは選手にたちに考えさせる。結果、選手たちは自分たちで工夫して練習に取り組む姿勢を身につけていく。

部員たちの練習場は金城の自宅2階にある『ウインナー・ボクシングジム』。階段をのぼりジムの扉を開けると年季の入った板張りの床。靴を脱いで上がろうとすると、スリッパを持った高校生がすっ飛んできた。壁には選手たちの活躍を伝える新聞やプロで活躍するOBたちの写真が飾られている。そんななか、控えめながら目を引く言葉を見つけた。

『練習で泣いて試合で笑え』

この言葉こそボクシング部員のなかで代々脈々と受け継がれてきた姿勢であり、金城がもっとも大切にしてきた思いでもある。だから、なおざりの練習などしようものなら容赦なく金城の怒声がジムに響きわたる。

「いまの子たちはね、やれって言えばやる。例えばガードを上げろって言えば上げる。でも何でガードを上げなくちゃいけないのかを自分で考えようとしない。自分で考えなくちゃいけないのに。だからといって悪い子たちではないんだよね。自分で考えて、突き詰めて考えて、そうして答え見つけたら強くなれるんですよ。自分でひらめけって」

高校時代の3年間、嘉陽の戦績は45戦して36勝9敗。団体優勝を除けば、インターハイでベストエイトに入ったのが最高の成績だった。

卒業後は上京し、同じく金城監督の教え子でもある具志堅用高が会長を務める「白井・具志堅スポーツジム」に入門し、プロボクサーとしての道を歩き始めた。

「やっぱり会長に憧れてました。同じ沖縄出身で、俺のなかではスーパースターだったんです。ボクシングを始めた中2の頃からプロボクサーになる、世界チャンピオンになりたいっていうのがあって、高校3年の最後の大会だったインターハイが終わってから金城監督にお願いに行って具志堅会長を紹介してもらったんです」

金城監督に話を伺った折、忘れられないひと言があった。

「あれは（嘉陽は）誰よりもプロ向きの性格だよ。アマチュアでの成績ならあれよりいい成績を残してるのがいっぱいいるんだから。でもね、あれはここ（胸をたたきながら）が強いから」

嘉陽の気持ちの強さを言うのは金城ばかりではない。高校のボクシング部で2年先輩に当たる大橋ジムの翁長吾央も「後輩ながら尊敬する部分」と話している。


2008年6月9日、後楽園ホール。この日のメインイベントは日本ライトフライ級のタイトルマッチ。チャンピオン嘉陽にとって3度目の防衛戦。挑戦するのは須田拓弥（沼田ジム）。須田は前年、デビュー以来14勝無敗だった横浜光ジムの日本ランカー池原繁尊に挑み、見事判定勝ちを収め日本ランキング入り。チャンピオンに挑戦できる地位にまで上ってきた。

この日までの須田の戦績は8勝3敗1分。KOでの勝利は4回戦でふたつあるのみだが、KOで負けたことは一度もない。この戦績から見て取ると、恐れるほどのパンチはないが、しつこいタイプ、といったところだろうか。大方の見方としては、防衛戦の相手として白井・具志堅ジム陣営が格下の安全牌を選んだ、というものだった。

だが池原との一戦で須田を見ていた僕には、須田が安全牌とは思えなかった。確かに秀でた選手だとは感じなかったが、打たれても打たれてもあきらめずに接近して、細かいパンチをしつこく当ててくる嫌なタイプではある。須田の粘りっこいボクシングは、出足を止めてうまく捌かないとかなりやっかいだ。接近戦に持ち込まれないように試合を組み立てなければならない。須田のペースに乗せられて判定にまでもつれれば、池原の二の舞になりかねない。

だがふたを開けてみると杞憂は現実へと変わった。序盤から格下であるはずの須田と互角の打ち合い。いや、さほどスピードのなさそうなパンチすら不用意にもらうし、時折強烈なアッパー、ストレートが嘉陽を捕らえ、明らかにポイントを奪われたラウンドすらあった。

一進一退のまま迎えた5ラウンド、偶然のバッティングで須田が右目の上をカット。ドクターのチェックが入るがかろうじて試合は続行。しかし6ラウンドの途中、再び出血がひどくドクターチェックが入ると、試合続行不可能と判断され、試合はレフェリーストップ。勝負はこのラウンドまでのポイントによる判定にゆだねられた。

負けを宣告されてもおかしくない状況に、ポイントの集計結果を待つあいだ、嘉陽はじっとうつむいたままリングのマットを見つめていた。

59－58、58－59、58－58。三者三様のジャッジで試合は引き分け。タイトルマッチの場合、引き分けはチャンピオンの防衛が認められるため、嘉陽は辛くも3度目の防衛を果たした。

なんとか防衛はしているが、まるで綱渡りでもしているような危うさ。２００７年4月に増田信晃から日本チャンピオンの座を奪ったものの、以降の防衛戦はチャンピオンの名にふさわしい試合内容とはほど遠いものだった。どこかおかしい。デビュー以来順調に勝ち進んでいた頃の嘉陽とはまるで別人だった。

「いつからだったのかはっきり覚えてないんですけど、ずっと物が二重に見えてて。たぶん世界に挑戦したとき、パンチをもらって、左目をやっちゃったんですね。

見えないってことはないんですけど、なんかこう焦点が合わないっていうか。階段がとても登りづらかったり。でも首を傾ける角度によって、ちゃんと見えるポイントがあって、だから練習でも試合でも自然と首を傾けて見るようになっちゃいましたね」

そんな状態で試合をしていて結果がともなうはずがなく、逆に言えば、よくぞその状態で試合をしてチャンピオンの座を防衛していたものだ。ボクサーにとって目の怪我は珍しいことではない。何人ものボクサーを引退に追い込んだ網膜剥離は、頭部を強打されることによって網膜に亀裂や穴が生じることによって起こる。日本ボクシングコミッション（ＪＢＣ）は網膜剥離をはじめ、重度の眼疾を患ったボクサーに対して引退勧告を行う場合もある。

嘉陽の目の不具合は日常生活にも現れていた。ペットボトルの飲料をコップにつごうとしてこぼしてしまう。歩き慣れたアパートの階段を踏み外す。バドミントンをしてみてもラケットにシャトルが当たらない。目で見えている距離感と実際の距離に狂いが生じていたのだ。だが嘉陽はその事実を誰にも告げないままボクシングを続けていた。

だがいつまでも隠し通せるはずもない。ジムでスパーリングをしていても、以前なら簡単に避けていたはずのパンチすら避けられない。異変に気づいたのはトレーナーだった。病院に行って検査を受けるよう何度となく説得したが、「見えている」の一点張りでまるで聞く耳を持たない。それでも病院に予約を入れ、なかば強制的に検査を受けるようセッティングしたが、嘉陽はそれをも無視して医者にかかることを拒み続けた。

「日常生活では見にくいけどボクシングでは不自由なく見えてる。パンチははっきり見えてる。避けられないのは下手なだけ」

そんな言い訳を繰り返した。でも嘉陽の気持ちがわかるような気がする。医者にかかるのが怖いのだ。病院に行ってなにをされるのかわからない恐怖。

実は僕も３歳の頃、リュウマチ熱という病気で入院したことがある。幸い自宅ともそれほど遠くない病院だったため、両親は毎日どちらかが顔を出してくれた。それでも1日の大半を白衣を着た医者や看護婦に囲まれて過ごすのは恐怖だった。医者が胸に当てる冷たい聴診器の感触が恐怖だった。嫌だと言っているのに腕を押さえつけてブスリと刺される痛い注射が恐怖だった。真っ暗な広い病室で子供たちだけで寝かされるのが恐怖だった。濡れていないのにぬめぬめ光るリノリウムの床が恐怖だった。その恐怖心はいまでも変わらない。注射を打つときには何かにつかまっていないと怖くて倒れそうになるし、病院で血圧を測ればドキドキして普段より高くなる。

精神的に大きなショックを受けたことの後遺症として後々まで続く心理的な障害、トラウマ。まだまだ親に甘えたい盛りに長期にわたって入院し、手術を繰り返した幼い頃の体験が、嘉陽に医者にかかることを拒ませたのではないだろうか。

そんな嘉陽を無理矢理引きずるように病院に連れて行ったのは婚約者の雅子だった。だが、通常の眼疾患ではないため、なかなか検査のできる病院が見つからない。ようやく見つけた病院に行っても「もうボクシングはできない」と宣告されたこともあった。いくつ病院を回っても、なかなかいい答えがみつからない。嘉陽のボクサー人生に黄色信号が灯りはじめる。だが彼女はあきらめなかった。「なんとかして嘉陽をもう一度正常な状態でリングに上げたい」、その一念だった。

雅子は美容整形外科で働く看護師でもある。これ以上自力で病院を探すことの難しさを感じていた彼女は勤務先の病院長に相談する。そこで紹介してもらった病院でようやく「上斜筋麻痺」という診断が下される。「手術をすれば良くなる」との言質も得た。「上斜筋」とは眼球の向きを変える筋肉のひとつで、この筋肉が麻痺すると下方向への眼球の動きが鈍くなり、それを補うために首を傾けて物を見るようになるという。

「検査で望遠鏡みたいのを覗くんですけど、覗くと鳥籠とちょっと離れたところに鳥がいるんです。その鳥を動かして鳥籠に入れるっていうのをやらされたんですけど、自分では籠に入れたつもりが、鳥がとんでもないところにいるんですよ。自分で見えていると思ってたのが実際はものすごくずれているっていうのを突きつけられて結構ショックでしたね」

だが、嘉陽はここにいたってもまだ「ボクシングするときは見えてる」と子供のような言い訳で手術を拒む。結果その後も不自由な目のままリングに上がり、なんとか防衛を重ねていた。もちろんどんなに簡単な手術でも、リスクの伴わない手術はない。頭を傾けることで相手のパンチが見えるのならば、リスクを伴う手術は受けたくないというのが本音だろう。

だが前出の須田との一戦でも明らかなように、かつての嘉陽なら簡単に避けていたはずのパンチを平気で喰らい、狙いを定めたはずのパンチも虚しく空を切る。「ボクシングをするときにも見えていない」のは明らかだった。

２００９年10月12日、後楽園ホール。挑戦者に井岡ジムの新鋭宮崎亮を迎え、日本ライトフライ級のタイトルマッチが行われた。嘉陽が勝てば6度目の防衛になる。デビュー戦以来、試合会場には毎回欠かさず嘉陽の両親の姿がある。もちろんこの日も沖縄から駆けつけていた。

だがこの日の数日前、嘉陽は母親に今回は試合に来るなと伝えている。そんなことを言ったのは初めてだった。本来なら試合が近づくにつれ高まっていく緊張感が今回は感じられない。試合に向けて気持ちを徐々に高めていかなければならないのにそのコントロールに失敗していたのだ。完璧な体とテクニックを作り上げたとしても、それだけでボクシングに勝つのは難しい。そこにさらに強い「気持ち」が求められる。だが、誰もが認める強い「気持ち」の持ち主が、今回ばかりはそれを失っていた。

挑戦者の宮崎は嘉陽同様、高校時代にボクシング部で活躍した経歴を持つ若手のホープ。高校時代の成績からいえば、無冠の嘉陽に対し宮崎はインターハイ優勝という実績がある。デビュー以来12戦して10勝2分。この日が初めてのタイトル挑戦だった。

1ラウンドのゴングが鳴る。プレッシャーをかけて前へ前へと出たのは嘉陽だった。右のジャブから左のストレート、そして不意を突くような右フック。押しているのは嘉陽だった。だが捉えられない。宮崎は嘉陽のパンチが届かない距離を常に保ったまま、時折放つカウンターが嘉陽を捉える。圧倒的に手数で勝る嘉陽に対し、手数は少ないが的確にパンチを当ててくる宮崎。そんな構図のまま3ラウンドまで進んだ。

4ラウンド。宮崎がペースを握る。右のストレートが立て続けに嘉陽を打ち抜く。棒立ちになって打たれて以降、嘉陽の手数がめっきりと減った。だが、宮崎もかさにかかって攻め込もうとはしない。冷静に嘉陽を観察して的確にパンチを当ててくる。強烈なパンチを武器に倒しに来る怖いボクシングではないが、うまいボクシングでコツコツとポイントを奪いにくる。リードされているのは明白だった。

6ラウンドには宮崎のパンチで、そして8ラウンドにはバッティングで嘉陽は右目近くをカット。ドクターのチェックが入るが試合は続行。ここまで、どう見てもポイントで宮崎が勝っているのは明らかだった。8、9、10、残り3ラウンドをすべて嘉陽がとったとしても微妙だ。だが宮崎を追う力はもう嘉陽にはなかった。最終ラウンドにはなすすべもなく宮崎に打たれ続ける嘉陽がいた。試合終了のゴングを待つまでもなく、結果は見えていた。

99－94、97－94、98－94。3－0の完敗だった。2007年から守り続けてきた日本チャンピオンの座を宮崎に譲った。能面のように表情をなくしてただマットを見つめている嘉陽がせつなかった。

宮崎の拳は、嘉陽の体だけでなく心まで粉々に打ち砕いていた。悩みに悩んだ末、引退も考えた。中学や高校時代の同級生たちの顔が浮かんだ。就職した者、大学に行って資格を取った者、結婚して家庭を築いた者。それに比べて俺はいったいなにをやっているんだろう。この先、チャンピオンになれないまま34、35歳までボクシングを続けたとしてなにが残る。なにも残るものなんてないじゃないか。それだったらいっそのこともう引退して別の仕事を覚えた方がいいのかもしれない。かと言って高校以来ボクシング以外になにもしてこなかった俺にいったいなにが出来るっていうのか。迷いの森に入り込んだまま、朝から晩までただ家の中でぼーっと過ごす日々が続いた。

そんな心理状態では練習できるわけがない。試合で痛めた傷が癒えてもジムには行ったり行かなかったり。朝の日課だったロードワークもサボりがちになった。またそんな選手にジムが試合を組んでくれるはずもなく、次の展望が見えないまま敗戦からすでに半年が過ぎていた。

僕が初めて嘉陽宗嗣と顔を合わせてゆっくりと話をしたのはそんな時期だった。

「もう一度ボクシングやろうと決めたのはつい最近なんです。試合に負けて、自分のなかでもうなにもかも終わったと。でも1月に沖縄に帰ったとき、ボクシングをやることに散々反対していた母ちゃんが『もう一回やってみないかぁー』って言ってくれて。『もう一回あんたがやるところを見たい』って。でも『決めるのはあなただよー』って。そうは言ってくれたけど、それでももう一度やるって決めるまでにはさらに時間がかかりましたけど。

俺、プロになってからずっとそうなんですけど、世界チャンピオンになって母ちゃんと父ちゃんにいい暮らしさせてあげたいと思ってて。ウチ貧乏なんですけど、母ちゃんと父ちゃんに家作ってやりたい。だから何のためにボクシングをするのかって言われると、女のためとかプライドとかそういうのは全くなくって、試合が終わって父ちゃんと母ちゃんが喜ぶ顔を見て、俺は勝ってよかったたって思えるんです。

（宮崎に）負けるまでの気持ちが１００だったら、今はたぶん50くらいですかね。いまの状態から這い上がるには、なにくそやってやるっていう気持ちがまだ足りないのかなあ」

ジムの会長でもある具志堅用高はかつて雑誌のインタビューで、何のために戦っていたのかとの質問に「１２０パーセント沖縄のために戦っていた」と答えている。

自分以外の何かのために戦うということ。

自分のためだけの戦いであれば、あきらめてしまえばそこでケリはつく。傷つくのは自分ひとりですむ。だが故郷のためだったり、両親のためだったり、他者のためとなると事情は異なる。

自分が敗れることによって、他者もその負けに巻き込んでしまうことになるからだ。だから「そんなことする訳にはいかない」という強い気持ちがプラスされる。なにか「思い」を持って戦うということは、その思いが強ければ強いほど、いつも以上の力を引き出してくれるものなのではないだろうか。

２０１０年７月、「もう一度ボクシングを続ける」と決心した嘉陽はようやく目の手術に踏み切った。３年あまり拒んでいた手術は、手術室に入ることもなく20分足らずで終わるあっけないものだった。復帰に向けた準備は、ゆっくりとだが着実に進んでいた。

「ようやっと試合が決まりました」

当初12月に組まれる予定だった復帰戦は、年を挟んで２０１１年３月に決まった。対戦相手としてジムが選んだのはタイ人ボクサー。タイトルマッチ以外で招聘されるタイやフィリピンのボクサーは、大抵の場合、選手に自信をつけさせるための咬ませ犬としてリングに上る。

だが約１年半という長いブランク明けの嘉陽にとって、今回の試合は相手が誰だろうが関係なかった。大切なのは勝つのは当然で、いい勝ち方をしてまだまだ嘉陽はやれるという姿を見せつけ、再びジムの信頼を取り戻すこと。信頼を取り戻し、再びタイトルを狙える位置までのぼるのが当面の目標だ。嘉陽はもう一度ボクシングを続けると決意したとき、自分のなかに１年半という時間的制約を作った。

いつまでもダラダラとボクシングを続けるのではなく、１年半のあいだに（30歳までに）道筋が見えなければボクシングを辞めると決意したのだ。具体的に言えば、最低でも日本ランキングへの復帰、できれば再び東洋太平洋か日本タイトルを奪取、そして世界へ再挑戦というシナリオを描いた。

「ちんたらちんたら勝ったり負けたりしてたら頭やられますから。だからどこかできっちり線を引かないと。東洋獲って、日本獲って、世界は獲れなかった。でも俺は絶対世界チャンピオンじゃないと満足できないんです。でも復帰するとなると一からのやり直しになるから、一じゃないなマイナスかな。だから前より厳しくなるのはわかってます。でもチャンピオンだろうが復帰だろうがやることは一緒だから」

復帰戦に向けての練習は、順調に進んでいた。手術直後は「違和感がある」といっていた目も気にならなくなり、スパーリングをしても不用意なパンチをもらうことが少なくなった。

プロボクサーの一日は、それこそチャンピオンだろうが四回戦ボーイだろうが、復帰戦を控えた嘉陽だろうが、さして大きな違いはない。

朝、目を覚ますとロードワーク。小一時間ほど走って自宅に戻り朝食。その後宅配便のアルバイトを4時間ほど。自宅に戻って一息ついて16時頃、ママチャリにまたがってジムに向かう。

この時間、ジムで練習しているのは嘉陽ひとりということも少なくない。白井・具志堅ジムに限らず練習生が集まってくるのは18時過ぎ。昼間の仕事を終えてからジムで汗を流す、というの

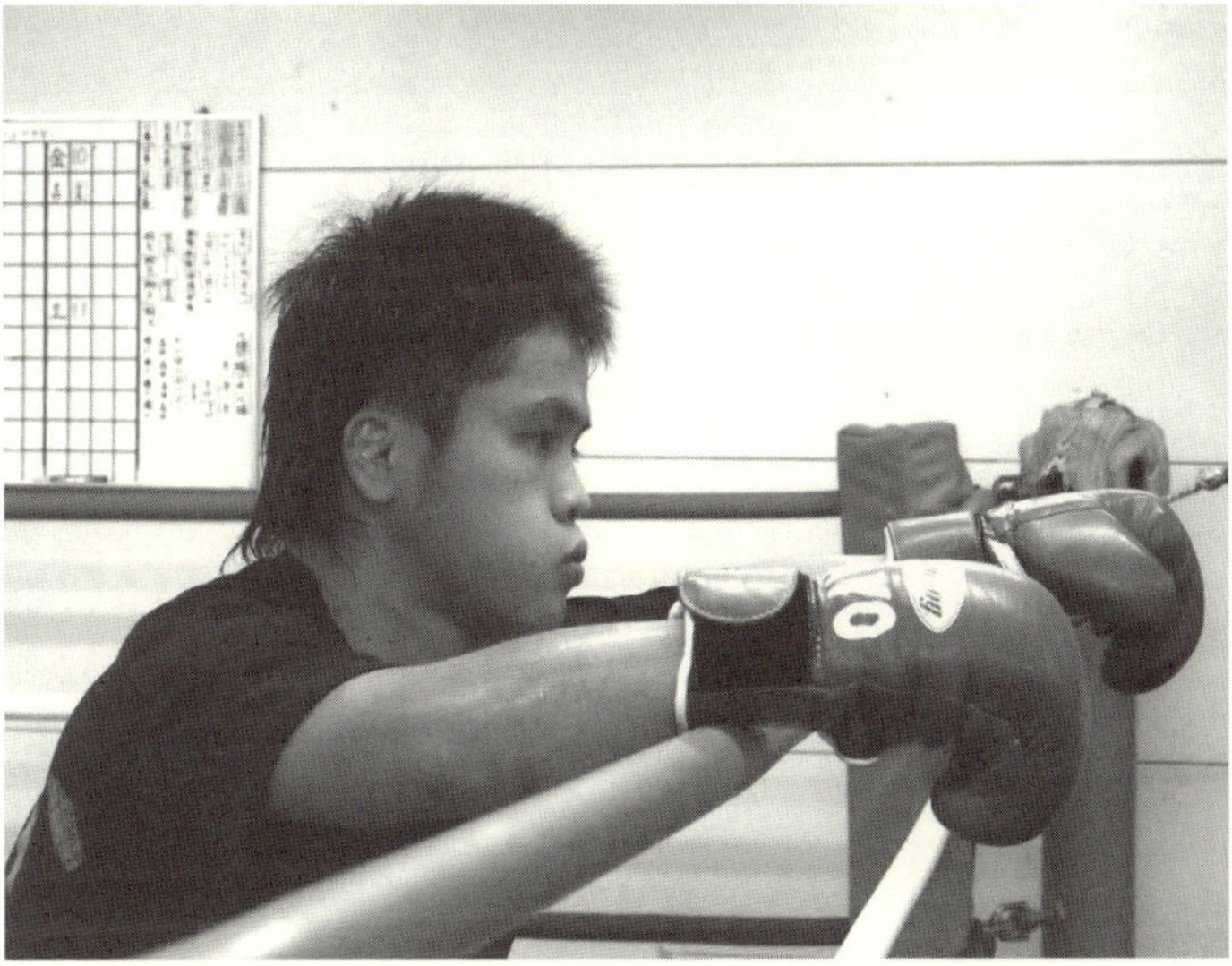

がほとんどで、嘉陽のように早い時間からジムに来る選手は、試合直前の選手を除いてほとんどいない。

白井・具志堅スポーツジムは東京、杉並区の閑静な住宅街、永福という町にある。渋谷と吉祥寺を結ぶ京王井の頭線の浜田山駅から商店街を抜け、徒歩5分ほどの距離にあるビルの地下1階にある。階段を降りると広めのロビーがあり、ロビーを挟んで事務所と練習場が向き合う形になっている。地下とはいえ、ロビーの天井が吹き抜けになっているため外光が射し込み、閉塞感は感じられない。

ガラスの扉を開くと、左手にやや小ぶりのリング。リング奥のコンクリート打ちっ放しの壁には、具志堅会長の写真と共に『夢』『一勝懸命』『闘魂』といった選手を鼓舞する言葉が達筆な文字で書かれている。リングを背にすると奥行きのあるスペースにサンドバッグが7本ほど。決して広々というわけではないが、余裕を持った作りだ。

ジムを訪れるとこの日も嘉陽がひとり、サンドバッグを叩いていた。静かなジムの中に、サンドバックを叩く音と靴の擦れる音が響いている。まだ練習を始めたばかりなのだろう、背中に大きく「へのへのもへじ」が描かれた人を食ったような白いTシャツは乾いている。やがて体が温まってきたのかサンドバックを叩く音が大きくなる。Tシャツは次第に汗ばみ、そして床に汗がしたたりはじめる。

Tシャツを脱いでリングに上がり、今度はトレーナーの構えるミットを叩く。パンパン、パパパンパン。乾いた音がリズム良く響いて、それは嘉陽の調子の良さを示しているようだった。

ひととおり練習を終えると嘉陽はいつも硬式テニスのボールを壁に投げ、跳ね返ってくるボールをキャッチするという動きを繰り返す。強く投げるわけではなく、軽く投げて戻ってくるボールを拾う。嘉陽が考えた練習後のクールダウンだ。

「たとえばジムに行ってシャドー3回、サンドバック8回、次に何して、次に何して、今日のメニューが終わったからおしまい。俺、そういうのだったら何のための練習かと思っちゃうんですよ。フィットネスジムじゃないんだから、その日その日によって練習メニューを変えるのがプロとして当たり前だと思うし、じゃあきょうはここをこうやってやってみようとか工夫して。そうやって練習できてるときは強いですね」

試合まであと2週間。嘉陽はジムメイトを相手にスパーリングをこなしていた。

何ラウンド目だっただろうか、右脇腹にボディーブローを打ち込まれた瞬間、激痛が走った。息ができない。息を小さく吸い込むだけで激しい痛みが脳天にまで響く。立っていることすらできず思わずリングにしゃがみ込んだ

「折れているかもしれない」

その場で練習を切り上げ病院へ駆け込む。レントゲンの結果、肋骨と胸骨を繋ぐ肋軟骨がつぶれていた。ボクシングはおろか、日常生活にも支障をきたす状態で、とにかく安静にしているしか治療法はなかった。

体を治して万全の状態で試合に臨むべきだ。次の試合がすべてではない。今回は試合をあきらめよう。いつもならそう考えたはずだ。だが今回ばかりは状況が違う。嘉陽は試合出場を決める。

「延期ももちろん考えたんですけど、痛み止めを打てばパンチを打つ分には大丈夫だったんで、それならパンチをもらわなければいいわけで、試合を強行しようと」

強い薬のため痛み止めは1日に1回しか打つことができない。しかも打っても痛みが引いているのはせいぜい1時間半ぐらい。残りの22時間はなにもできないほど痛んだ。そのため練習時間から逆算して注射を打ちに行く。それでも痛めたところは軽く当たっただけでも痛みが走る。そのため試合前のスパーリングは一切できなかった。満足に練習できないため、減量も進まない。プロになって初めてサウナに籠もって減量した。

試合を強行した裏には焦りもあった。日本タイトルを失った試合からすでに1年以上試合から遠ざかっている。もしここで試合をキャンセルしてしまったら、次の試合を組んでもらえるという保証はない。信頼を取り戻すためにも、次の試合に繋げるためにも、嘉陽はどうしても試合に出て勝たなければならなかったのだ。

だが、試合当日までの14日間は地獄のほうがまだマシなのではないかと思えるような日々の連続だった。自分ひとりでは起きあがることはおろか寝返りすら打てない。呼吸するだけでも痛みが走った。いっしょに暮らすようになっていた雅子の助けを借りなければなにひとつできなかった。

試合の日は着々と近づいてくるがいっこうに痛みが引く気配はない。せめてゆっくりと眠れれば少しは楽なのに、痛みは眠ることとさえ許さなかった。慢性的な睡眠不足で頭はいつもボーッとしている。満足に練習できないため減量もうまくいかない。焦りといらだちはすべて雅子にぶつけられた。

「もう本当に介護でしたよ。怪我してすぐ携帯に電話がかかってきたんです。『ヤバイヤバイ呼吸ができない』って。わたしは肋骨が折れて肺に刺さって肺気胸を起こしてるんじゃないかと。それなら即入院だし、試合は無理だなと思ったんです。

でも最悪の事態じゃないとわかった時点で、わたしは試合させようと思ったんです。もうなにがなんでも。1年以上ブランクがあるし、このままじゃもうこの人がダメになると思ってましたから。あの2週間はホントに地獄でしたよ。減量と痛さでイライラしてるからやたらと威張り散らすんですよ。『こっち来い!!』とか怒鳴って。何かと思ったら『後ろ支えろ!!』とか。支えたら支えたで『どうしてもっとちゃんと支えないんだ!!』とか怒るし」

だが、怪我の事実はトレーナーの野木以外、ジムの関係者は誰ひとりとして知らされなかった。もし具志堅会長に伝われば、試合させてもらうことはできなかっただろう。具志堅が嘉陽の怪我を知ったのは試合直前、控え室で痛み止めの注射を打つ姿を見せられたときのことだった。

２０１１年３月７日。東京では前日から降り続いていた雨が朝方雪に変わり、街はうっすらと雪化粧をほどこしていた。それこそ「春は名のみ」で、歩いていると体の芯から凍えるような、３月とは思えない空模様だった。

この日、後楽園ホールでは白井・具志堅スポーツジム主催による「カンムリワシ・ナイト」と銘打たれた興行で、白井・具志堅スポーツジム所属選手を中心に、全７試合が予定されていた。嘉陽の出番は６試合目のセミファイナル。対戦相手はタイのデンダッタブーム・チョープララームホック。

かつて具志堅用高が入場曲に使っていた、メイナード・ファーガソンの「征服者」がホールに流れる。空気を震わせるようなトランペットの音色が後楽園ホールの隅々にまで響きわたる。通路の奥から赤いシューズに赤いトランクス、丈の短い純白のガウンをまとった嘉陽がゆっくりとリングに向かう。リングの真下で足を止める。グローブをはめた両拳を額に押しつけ、軽くうつむいてなにかに祈るように目をつぶった。やがて４段あるステップをのぼり、ロープをくぐると声援に応えるように右手を挙げた。

これから試合をしようという嘉陽が、まさか肋軟骨を損傷しているとは、観客席の誰も知るところではない。対戦相手も咬ませ犬とはいえ突っ立っているだけの人形ではない。もちろん攻撃を仕掛けてくる。もしそのうちの一発がピンポイントで当たってしまったとしたら、はたして嘉陽は立っていることができるだろうか？　リスクを避けるには接近戦は禁物で、先手を打ってペースを握り、なるべく早い回にKOで決着をつけたいところだ。

ゴングが試合開始を告げる。足を使って相手との距離を計るように右のジャブを放つ。久し振りの試合だが、硬さはなく動きも悪くない。だが緊張しているのだろう、表情は強ばったままだった。嘉陽ペースのまま1ラウンドも残り4秒となったとき、嘉陽の右フックがきれいに顔面を打ち抜くと、相手選手がマットに倒れ込む。観客席がドッとわく。

「頼む!!　なんとかこのまま立たないでくれ!!」祈りも虚しく、立ち上がるのと同時にゴング。第1ラウンドが終了した。

第2ラウンド。危なげはないが攻め込めない。ボディーを打たれることの恐怖からか、嘉陽はどうしてもあと一歩踏み込んだ距離でのパンチが打てない。ちょっと腰を引いたようなへっぴり腰で体重の乗らないパンチでは、決定的なダメージを与えることができない。

第3ラウンド、再びダウンを奪うもやはり決められない。押し気味だがさして見所のないまま試合は進み、第7ラウンドのゴングが鳴ってすぐのことだった。しびれを切らした観客席からヤジが飛ぶ。

「なにやってんだか嘉陽！　そんなんじゃボクシング人生終わっちゃうよ！」

厳しい。厳しいがまったくその通りなのだ。そしてそれは本人がいちばんわかっていたことだろう。ケガをしているとはいえリングに上がったからには、一切の言い訳は許されない。

結局最終ラウンドまで相手を詰め切れないまま、嘉陽は判定勝ちで復帰戦を飾った。レフェリーから勝利を告げられてもその顔に笑顔が浮かぶことはなかった。まるで負けた選手のように無表情のままリングを降りると足早に控え室へと消えていった。

なんとか無事に乗り切ることができた、そんなところだった。いい勝ち方をしてジムの信頼をとり戻すという当初の目的が達成されたとは思えないが、それでもなんとか勝つことは勝った。勝った喜びより、負けなかった安堵感の大きい一戦だった。

復帰戦から4ヶ月後の7月18日。嘉陽は沖縄で人生の節目を迎えた。目を怪我したときにも、肋軟骨を痛めたときにも、そして日常生活でも嘉陽をサポートしてきた雅子と約6年の交際を経て結婚。恩納村のリゾートホテルで執り行われた結婚式には、高校時代のボクシング部の監督金城真吉をはじめ、具志堅用高会長、トレーナーの野木丈司、そしてボクサー仲間らも東京から駆けつけ、にぎやかに執り行われた。

この宴で金城監督のとなりに座っていた僕は、監督が具志堅会長に頼み事をしたのを知っている。

「なぁ、嘉陽にもう一度チャンスを作ってやってくれよ」

結婚後最初の試合は９月、後楽園ホールにフィリピン人のボクサーを迎えての10回戦。99-91がひとり、99-92がふたりという圧倒的大差で判定勝ちをおさめると２００９年９月以来、約２年ぶりに日本ランキング９位にランクイン。

翌年４月には後楽園ホールで白井・具志堅ジム主催の「カンムリワシナイト」にメインイベンターとして10回戦に登場。試合開始早々にワンツーでダウンを奪うと、再開後は一気に追い込んで１ラウンド２分32秒、レフェリーストップによるＴＫＯ勝ちをおさめ、ランキングも６位にまで上げている。

２０１１年３月の復帰戦以降、３戦して３勝。勝ち方も一試合ごとに調子を上げているように見える。日本タイトルに挑戦できる日本ランク入りも果たした。だがこの３戦はいずれもタイ、フィリピンからの招聘ボクサー。本気で勝ちに来たボクサーとはわけが違う。嘉陽の真価が問われるのは、日本人の実力者とグローブをまみえたときに他ならない。

いつのことだったか、嘉陽にこれまでの試合でいちばん印象に残っているものはどれかと尋ねたことがある。日本タイトルを獲得した試合なのか、それとも東洋太平洋のタイトルマッチか、はたまたプロとしてのデビュー戦か。だが返ってきたのはそのいずれでもなかった。ライトフライ級の世界チャンピオン、ワンディー・シンワンチャーに挑戦して敗れて試合を挙げてきた。

「勝った試合っていうのは後で思い出すことはあまりないですね。でも世界戦で負けたあれが悔しくて。せっかくジムが作ってくれたチャンスだったのに勝てなかった。あとちょっとで夢に手が届くところまでいったのに掴めなかった。あれはもうほんとうに悔しかったですね。

試合前に母ちゃんに『俺ぜったい勝つからよ、勝ったら好きなようにさせてやるから』みたいなこと言ったんですよ。でも結局負けて、アゴは曲がるわひどい状態になって。2日後、母ちゃんから電話かかってきて、俺あやまったんですよ、母ちゃん世界チャンピオンになれなくてごめんなって。『一生懸命やったんだからしょうがないよ、また頑張りなさい』みたいな言葉を期待してたんですよ。でも俺の母ちゃんは『宗嗣、お母さんね、あんたが負けてなにがいちばんショックってね、世界チャンピオンになれなくてお家が作れないっていうのがいちばんのショックなのよ』まぁ俺を元気づけようと思って言ったジョークなんでしょうけど、俺は奈落の底に突き落とされましたね。

ひとつの考え方として、なにかを一生懸命やってそれで結果が出なければしょうがないっていうのがあるじゃないですか。でも俺はそれじゃあダメだと思うんです。逆に極端な言い方をすれば、別に一生懸命練習しなくても、いくらさぼったって世界チャンピオンになれればそれはそれでいいんですよ。もちろんボクシングがそんな甘いもんじゃないってわかってて言うんですけど、経過はどうでもよくていま欲しいのは結果なんです。

いつなのかはわからないけど長男なんで親の面倒は俺がみるって決めてるんです。死ぬのは沖縄だと思ってますし、いずれは帰りますよ」

いとこに宮城誠がいなかったら。高校時代に金城監督に出会わなかったとしたら。どちらか片方が欠けていてもプロボクサー嘉陽宗嗣は存在しなかったはずだ。どういう時期に、どういう人物と、どういう状況で出会うのかはその人間の将来に大きな影響をおよぼす。宮城誠によってボクシングと出会い、金城真吉に磨かれ、具志堅用高によってその花は開いた。一度はボクシングをあきらめかけた嘉陽宗嗣のボクサー人生第2章はまだ始まったばかりだ。大輪の花を咲かせるために。

翁長吾央

[photo:Takumi Inoue]

僕はボクシングに完璧を求めたいんです。

強くなるためだったらどんなことでも求めたいんです。だから僕はこっちであんまり友達を作る気はないですね。

その日、ジムで練習を終えたのは夜7時をまわった時刻だった。

「ちょっと散歩に付き合わないか」

誘い合わせて宜野湾の大山にあるジムを出た。国道58号線を北上して普天間でいご通りを右に折れ、キャンプ・フォスターのフェンス沿いの道を瑞慶覧方面に向かってゆっくりとふたりで走り始めた。年の瀬も近く、陽はすっかりと暮れていて、坂を下ってくる対向車線のヘッドライトが眩しかった。

毎年正月、練習生はジムに集合し、揃って普天間宮までランニングで初詣に行く。それがジム恒例の練習初めで、この道はそのたびに走っていた道だった。

翁長吾央にはこの日のうちにどうしても伝えておかなければならないことがあった。明日ではなく今日のうちに。だが何度も言い出そうとして、そのたびに言葉を飲み込んでしまう。

「ジム、移籍しようと思ってる」

ようやっと口から出た言葉に相手は一瞬驚いた表情を見せたが、たぶん散歩に誘われたときからうすうすわかっていたのかもしれない。ちょっと間があってから「いいんじゃないか」と答えてくれた。

「会長には明日話をしようと思ってる。でも本当に僕がヒジュルー（冷たいやつ）だったらもっと前にいなくなってた。本当にヒジュルーだったらこんなこと言えないよ。そのことだけはおまえにわかっといてほしいから」

２００８年１月１日付けで、翁長吾央は４年間所属していた沖縄ワールドリングジムから神奈川県横浜市にある大橋ボクシングジムに移籍した。移籍の理由はひとつではない。小さなことから大きなことまで。

最大の理由は試合に恵まれなかったこと。２００３年のプロデビューから２００８年の移籍まで、４年半で10試合しかこなしていない。試合が組まれても直前になって流れてしまうことも１度や２度ではなかった。

どれだけ厳しいトレーニングを積んでいても、何ラウンド実践形式のスパーリングを重ねても、勝負勘は真剣勝負の実戦でしか養えない。だから選手寿命の短いプロボクサーにとって、試合数が少ないことは致命的だ。

実力があったとしても、試合をしないことには試合勘は培えない。だが、なにもそれは沖縄ワールドリングジムに限ったことではなく、日本全国に散らばる地方ジムの悲哀だともいえる。

数少ないチャンスをものにして這い上がれればいいが、そのチャンスさえ巡ってくるとは限らない。チャンスに恵まれないまま現役を退いた地方ジムのボクサーは無数にいるはずだ。

高校を卒業してそのままプロに転向した選手ならまだしも、大学の4年間を挟んでからプロ入りした翁長にとって、試合できないもどかしさは、そのまま年齢に対する焦りにもなっていたかもしれない。全盛期のうちにチャンスをつかみたい。そんな思いが移籍を決断させた。

プロ野球やJリーグなどの場合、選手の移籍やトレードはあたりまえの話だが、ボクシングの場合は少々事情が異なる。ジムが経営難で閉鎖されたり、会長が亡くなって跡を継ぐ人間がいないなどの例外を除いて、選手は引退するまでジムを移籍することはまずありえない。ルールで移籍を禁じているわけではないが、移籍を良しとしない風潮がある。

移籍するに当たって翁長はルールブックを何度も何度も読み返した。なるべくおだやかに移籍するにはどうすればいいのか、頭をフル回転させながら策を練った

「苦渋の選択ですよ。会長にはヒジュルーと思われてもいいと思ったもんね。しょせん自分の人生だもん。会長のためにやってるんでもなんでもない。沖縄のためにやってるわけでもなんでもない。自分と自分の家族のためにやってるだけ。それ以外の何ものでもないもん。つくづく思った。移籍するしかボクシング続ける道がなかったんですよ。

大橋ジムを選んだのは沖縄の絡みが全くなかったから。沖縄は横のつながりが強いぶん、ちょっと崩れるととんでもないケンカになりかねない。その点大橋ジムは沖縄のボクシング関係者とは接点がないから。だから大橋会長に移籍をお願いしたとき、もし断られたらボクシング自体をあきらめるつもりでした」

沖縄のジムではチャンスが少ないことは最初からわかっていたはずだ。それでもあえて沖縄ワールドリングジムからプロデビューしたのには訳がある。高校、大学の7年間、ボクシング部で苦楽を共にしてきた中真光石の存在だった。

沖縄ワールドリングジムの会長は中真茂。光石の実父である。だから光石が沖縄ワールドリングジムからプロデビューするのはごくごく当たり前のことだったのだが…。

「だからそこなんですよ。そこがウチナーンチュなんですよ。自分でもよくなかったなと思うんだけど、なあなあで。親にも言われました『沖縄でやることを選んだのは自分だよ。変な男気とか出す必要はないって最初に言ったでしょ』と」

なんとか表面上は円満に移籍は実行された。その実ああだったこうだったという話は知らないし興味もない。確実に言えるのは、移籍によってひとりのボクサーの未来に希望の火が灯ったということだけだ。

1980年5月5日。昭和になおすと55年5月5日、翁長吾央は那覇市に生まれた。兄弟は5歳上の兄がひとり。生家は牧志の公設市場近くの繁華街、パラダイス通り。両親は国際通りで喫茶店を経営している。

かなりやんちゃな小中学校生活だったという。中学では柔道部に所属し、それほど熱心に練習していたわけではなかったが、県大会では常にベスト4に顔を出す程度の成績を残していた。だが、高校で柔道を続けるつもりはなかった。小学生の頃から漠然とだが、興南高校に進学してボクシングをやってみたいと思っていた。中学で柔道部に入ったのは高校でボクシングをするための体作りという意味もあった。

「新聞やテレビで興南高校っていうのはボクシングがすごく強くて、上は具志堅用高さんから下は名護さんまですごい選手がいっぱいいるっていうのを見てたんですよ。小学生の頃から興南高校=ボクシング部っていうのが出来上がっていて、中学3年の時には興南高校でボクシングをやると決めてたんです」

ところがそうは問屋が卸さない。報道で興南高校のボクシング部が廃部になることを知る。このとき興南高校でボクシング部の指導をしていた金城真吉が沖縄尚学高校に場を移し、ボクシング部の指導に当たることは決まっていたのだが、そのことを翁長はまだ知るよしもなかった。

途方に暮れた翁長は、金城監督と面識があるという中学の体育教師に、紹介してくれるよう何度も頼み込んだ。だが生活態度が悪く、身だしなみも良くない翁長が何度頼みに言っても首を縦に振ってくれない。打つ手をなくした翁長は、最後の手段として金城監督の家を直接訪ね、直談判に出る。

「どんなことがあっても3年間は絶対にボクシングを辞めない」

そんな約束を金城監督との間に交わして、沖縄尚学高校のボクシング部に入ることを許可してもらった。

とは言うものの、ボクシングを齧《かじ》ったこともない翁長が推薦で入学出来るはずもない。沖縄尚学高校へは一般生徒と同様、受験勉強を乗り越え、入学試験に合格して入学を果たした。

「ボクシングを始めて半年ぐらいはどうしてこんなこと始めちゃったんだろうって後悔しましたよ。毎日殴られるし。みんな最初はゼロからのスタートじゃないですか。ところが10人くらいいいた同級生はほとんどがボクシングの経験者でしたから。

僕ひとりど素人で誰にも相手にされない。先輩たちからも『お前最初に辞めるよ』とか言われて。那覇出身だし、沖縄では都会の子だから。このヤロー見とけよって思いましたね」

合宿所で生活するボクシング部員たちの食事作りは金城の妻、清子が担っていた。朝晩の2食をたったひとりで切り盛りする。それだけではない。金城が本職である救急の勤務で不在の折には練習を見守ったし、部員の悩みを代わりに聞いてやることもある。まさに合宿所暮らしをする部員たちの母親代わりでもあった。

「よく具志堅さんが100年にひとりの天才って言われるけど、監督と奥さんは100年にひと組のカップルなんですよ。監督ひとりじゃダメで奥さんがいたからやってこれたと思うんですよ。すごいですよもう！　僕らが朝5時半頃起きて走りに行くじゃないですか。その頃奥さんはもう化粧ばっちりして朝ご飯作ってますからね。あれ見せられたらね、頑張ろうと思うよ。いくら僕らが高校生でも、ガキでもガキなりになんか絶対もう応えなくちゃいけないって思いましたね。喜んでくれる姿を見たいなあって」

その思いは高校3年で結実する。春先の全国高等学校ボクシング大会で優勝すると、つづいて8月のインターハイのフライ級でも優勝。さらに10月、かながわ・ゆめ国体でも少年フライ級の部で優勝を飾り、高校3冠を達成した。たぶんこの時点で金城監督の下にはプロボクシングジムから誘いがあったのではないかと想像する。だが、翁長はプロではなく大学進学を選択する。オリンピック出場が目標だった。

1999年、沖縄尚学高校を卒業すると中真光石と共に東京都文京区にある東洋大学に進学。ボクシング部に所属しオリンピックを目指す。だが巡り合わせが悪かった。4年に1度のオリンピックでは在学中のチャンスは1度しかない。

２０００年に開催されたシドニーオリンピックに出場するためには学生から社会人まで、経験豊かな強豪と対戦し勝ち抜かねばならない。いくら高校で３冠を達成しているとはいえ、高校を卒業して間がない翁長の実力不足は否めなかった。

オリンピックの夢が潰えたとき、プロに転向しようとは思わなかったのか訊ねたことがある。

「中退してプロでやることは考えなかったですね。卒業するときも実は大学の職員になることが本当は決まっていたんです。大学の職員採用は10人程度なんですけど、毎年５００人くらいの応募があるんです。僕の成績が優秀だったわけじゃなくあの手この手を使って。大学の職員になっていずれはボクシング部の監督になるっていう条件で採用してもらったんです」

大学職員が内定していた翁長だったが、直前になって翻意する。毎年３月から職員内定者への研修が行われ、２月にはその予定表が配られる。予定表を読むでもなくなんとなく眺めていた翁長はハッとした。本当にこれでいいんだろうか。公務員とまではいかないが大学の職員は安定した勤め先だと言える。監督という立場ではあるが、ボクシングと関わっていくこともできる。だが、本当にこれでいいんだろうか。

「自信があったんです、プロでやっていけるって。大学職員をしながらプロのリングに上がることも出来るじゃないですか。でもそれだと精神的に競ったときどうだろうかと思ったんです。接戦になったときにボクシング以外の逃げ場があるとそこで折れちゃうんじゃないか。大学職員は安定した職業だけど、このままボクシングを辞めたらあとで絶対後悔すると思いました。

もうあっちこっち謝りに歩いて、もともとは金城監督の推薦で大学にも行っているので最後に監督に土下座して謝りました。でも大学側に言われました。『この先10年はボクシング部から職員は採らない!!』と」

紆余曲折を経て2003年、退路を断った翁長は沖縄に戻る。そして6月29日、沖縄ワールドリングジムより中真光石と揃ってプロボクサーとしてデビュー。翁長は4回戦の試合で対戦相手を1ラウンド1分55秒にKOで、中真は判定でそれぞれの門出を飾った。だが翁長にとって、故郷沖縄でスタートさせたプロボクサー生活は思い描いていたようには運ばなかった。

沖縄ワールドリング時代の戦績は10戦10勝7KO。数字だけを見ると文句のつけようもないが、対戦相手の多くはタイやインドネシアから呼んだ咬ませ犬が多く、手品の種明かしを見せられたような心持ちになる。

だからといって翁長の実力を疑うものではない。2005年12月に元WBA世界ジュニアフライ級のチャンピオンのカルロス・ムリーリョを1ラウンドでKOすると、翌2006年8月にはWBAライトフライ級の世界ランカー、ニカラグアのネリス・エスピノザを判定で破り、プロデビュー7戦目にしてWBAライトフライ級の15位にランクインしている。これで世界挑戦への足がかりを作ったかに思われたが、次戦はやはり首をひねりたくなるような相手との8回戦だった。

そして翌2007年3月、世界ランカー翁長はようやく日本人の強豪を相手に迎えて後楽園ホールに登場する。対戦相手は日本フライ級9位の奈須勇樹（グリーンツダジム）。結果は翁長が余裕の判定勝ちをおさめたが、これが沖縄ワールドリングジム所属としては最後の試合となった。


大橋ジムは横浜駅からほど近い近代的なビルにある。ジムの入り口には現役時代の大橋会長がファイティングポーズをとる写真と共に「OHASHI BOXING GYM」とデザインされた看板があり、すぐにそれとわかる。ジムはビルの3フロアにまたがり、全面ガラス張りの窓は開放感にあふれている。

ジムに入ると、ボクシングジム共通の汗と皮の混じった鼻の曲がりそうな強烈な臭いがしない。明るくて清潔で、まるでオシャレなスポーツジムだ。3分ごとのゴングが鳴ると、モップを手にした女性がサッと現れ、フローリングの床に流れ落ちた練習生たちの汗を手際よく拭き取っていく。

リングは1階と2階にふたつあり、サンドバッグもそれぞれの間隔が余裕を持って設けられていて、これなら選手がぶつかることなく自由に動き回ることが出来る。

会長、大橋秀行は元ストロー級のボクサーで、強打を武器にＷＢＣ、ＷＢＡ両団体の世界ストロー級チャンピオンに輝き、『１５０年にひとりの天才』（具志堅用高の『１００年にひとり』を上回るの意）と呼ばれた名選手だった。

引退後の１９９４年に開設したジムからはＷＢＣ世界スーパーフライ級のチャンピオン川嶋勝重、ＷＢＡ世界ミニマム級チャンピオンの八重樫東とふたりの世界チャンピオンを育てたのをはじめ、東洋太平洋や日本チャンピオンも誕生している。歴史は浅いが実績は申し分ない。早くも名門ジムとの呼び声も高まっている。

日本チャンピオンを育てるのも簡単ではないプロボクシングの世界で、なぜ大橋ジムは短期間のうちにふたりも世界チャンピオンを育てることが出来たのか？　もちろん選手自身の努力が大きいのは言うまでもない。だが、選手の持つ能力を最大限に引き出し、弱点を補い強みを伸ばす、選手の指導役、トレーナーの存在を忘れてはならない。

トレーナーとボクサーの関係は、調教師と競走馬の関係に似ているかもしれない。調教師は馬の性格と身体能力を把握し、レースに向けてその能力を最大限発揮できるよう馬を仕上げていく。

いっぽうトレーナーも選手個々の性格からボクシング技術を熟知した上で、試合に向け叱咤激励しながらレベルアップを図りつつ万全の体勢に選手を仕上げていく。もちろんそこには、トレー

勝利のうたを歌おう　翁長吾央

[photo:Takumi Inoue]

ナーと選手の信頼関係がなければ成り立たつものではない。

同じ技量を持つふたりの選手がいたとして、片方には腕のいいトレーナーを、もう片方にはトレーナーをつけずに育てたなら、その結果は言うまでもない。

大橋ジムから生まれたふたりの世界チャンピオンに共通していること。それはトレーナーが共に松本好二である点は見逃せない。２００４年、松本は最も活躍したトレーナーに贈られる「エディー・タウンゼント賞」を受賞している。そして翁長を担当することになったのもまた松本好二。頂点を目指すため、さまざまな思いを無理矢理に切り捨てて沖縄を出た翁長にとって、大橋ジムの態勢は申し分のないものであり、そしてそれはそのまま大橋ジムがどれだけ翁長に期待しているかの現れでもあった。

２００８年4月30日。大橋ジム移籍第一戦は後楽園ホールで行われた10回戦。タイからの招聘ボクサーが相手だった。前回の試合から約１年ぶり。久しぶりの実戦だったが2ラウンドでＫＯ勝ちをおさめる。続く10月18日、この日も後楽園ホールでタイ人ボクサーと10回戦。２ラウンドのＫＯで葬ると、年明けて２００９年１月３日には横浜パシフィコで行われたダブル世界タイトルマッチの前座で韓国人ボクサーと対戦して負傷判定勝ちを収めている。

翁長のボクシングには特徴がある。柳が風を受けてゆらゆらとなびくように、相手の攻撃を受け流す。そうしておいてピンポイントでしなるようなパンチを放つと相手が倒れている。型にはまれば、見ていて惚れ惚れするくらいきれいなボクシングを見せてくれる。

「ポイントっていうかタイミングですね。僕は名護さんと同じサウスポーなんだけどタイプが違うんで。名護さんはパワーパンチャーで僕はタイミングなんで。名護さんのは派手でドーンてパンチがあたってバーンて相手が倒れる感じじゃないですか。僕のはカチン、スコン。あれっ、何で倒れてるのって。もちろん試合中は見えてて狙ってるんですよ。でも試合後にビデオを見ると自分でもわからないときありますもん」

ジムの移籍後3戦して3勝。２００９年1月の時点で、フライ級の日本ランキング6位に顔を出していた。ただしこの3勝はいずれも海外からの招聘選手が相手だ。そろそろ試運転も終わりだろう。最終的に狙っているのは世界チャンピオンだが、その前に日本タイトルなり東洋太平洋のベルトを狙うのも悪くない。その考えは翁長もジムも共有していた。

「次の試合は結構きびしい試合になるかもしれないけどクリアして、夏とか秋頃にタイトルマッチやりたいですね」

4月、試合を1ヶ月後に控えた翁長を大橋ジムに訪ねた。ジムに着いたのは18時半を過ぎた時刻。広々としたフロアには練習生が10人ほど。なかには女性もいて思い思いにサンドバックやシャドーボクシングで汗を流している。

翁長はといえばフロアの端に座り、柔軟運動を繰り返していた。かなり念入りに。足首、太もも、上腕、手首、首…。各部位を丁寧すぎるくらい丁寧に入念に繰り返す。これまで何人ものボクサーの練習を見ているが、翁長ほどストレッチに時間を割くボクサーは見たことがない。40分ほどかけてストレッチを終えるとようやっとバンテージを巻き、シューズのひもを締め直してリングに上がり、シャドーボクシングを始めた。

5月に予定されている試合はWBC世界フライ級12位のリチャード・ガルシアを迎えての10回戦。フィリピン人のボクサーだが、咬ませ犬の役割で呼ばれるボクサーではない。

２００２年にプロデビューとキャリアでは1年しか変わらないが、13戦の翁長に対し、倍以上の29試合を戦っている。これまでに日本ランカーの黒田雅之、元日本フライ級チャンピオンの吉田健司と対戦し２戦２勝という結果もあなどれない。

だが、世界を照準に戦う翁長にとっては、ここはなんとしても落とせない勝負所になる。勝利すれば、世界タイトル挑戦も視野に入ってくる。

リングではシャドーボクシングを終えた翁長がトレーナーの構えるミットを叩いている。グローブがミットを的確に捉えるパチーンと甲高い音がフロアに響く。速球派ピッチャーの投じた球がキャッチャーミットに吸い込まれるときに響く音にも似ている。いとも簡単にこなしているが実は簡単ではない。ふたりの息が合わなければ怪我に繋がるし、なによりミットを芯で打ち抜くのに技術がいる。

へたくそがやるとこうはいかない。ボスッ、パスッとなんともマヌケな気の抜けた音が出るだけだ。ストレート、アッパー、フック、どこに構えられても的確に打ち抜く。練習の手を休め、じっと翁長のミット打ちを食い入るように見つめる練習生もいた。

ここまでは順調に仕上がっている。移籍後1年、翁長はようやっと世界への階段に足をかけようとしていた。

2009年5月16日。後楽園ホールでは大橋ジムの同僚、東洋太平洋フェザー級チャンピオン、細野悟の2度目の防衛戦をメインイベントに、全7試合が組まれていた。翁長の出番はセミファイナル。

最初に青コーナーからガルシアがリングに登場。リング上を軽快なフットワークで飛び回り、フィリピン人と思われる女性軍団から黄色い歓声があがる。

続いて日出克の「ミルクムナリ」が後楽園ホールに響き始めると、太鼓のリズムに乗って赤コーナーに翁長が登場。赤いトランクスに赤いシューズ。いつものように白トレーナー姿。トランクスにはベルトの位置に金色の刺繍で「５５５」と縫い込まれている。

「イケ！　イケ！　オナガ!!」

大合唱がわき起こる。

立ち上がりは悪くなかった。タイミングを計ったように飛び込んでは左のストレートがガルシアのボディーを捉える。２ラウンド、飛び込んでのボディーから上への攻撃も決まりガルシアの腰がガクリと落ちる。かなりのダメージを与えたことは間違いない。ふらついているガルシアを追いかけて倒しにかかったようにも見えたが、ここでゴング。

これは行ける！　僕を含め、応援団の多くがそう思ったはずだ。

だが、見せ場らしい見せ場はここまでだった。両者手を出しかねた中盤を過ぎて後半を迎えると、流れはガルシアに傾く。７ラウンドに入って翁長の手数が目に見えて減ってくると、ガルシアが頭から突っ込んで攻撃を仕掛けてくる。

「なにやってんだよ！」

「ボディが効くんだからボディ打て！」

痺れを切らした観客席から声援ともヤジともとれる声が飛ぶ。

ガルシアの頭が当たり額と左側頭部をカット。真っ赤になった耳が痛々しい。

「イケ！　イケ！　オナガ！」

大合唱は途切れることなく鼓舞し続ける。だが手が出ない。試合は最終10ラウンドを終えて判定に持ち越された。

疲れ切った表情でコーナーにしゃがみ込む翁長と対照的に、セコンド陣と談笑するガルシア。レフェリーが集計結果を読み上げる。

「97—95、青ガルシア。97—95、赤翁長。96—96、ドロー」

負けと言われても文句の言えない試合内容だった。中盤以降、特にバッティングでカットしてからはあまりに手数が少なく攻め込まれすぎた。

「6ラウンドから相手のスタイルが変わってパンチが見切られるようになりました。前半でもっと打ち合うべきでした。自分が情けない」

控え室の椅子に腰掛け、取材陣のインタビューに答える翁長の口から出るのは試合への反省の言葉ばかりだった。

自分の型にはまればめっぽう強さを発揮するが、ペースを乱されると対応できずにズルズルとかき回されてしまう。そんな脆さを露呈したような試合内容だった。練習不足だったわけでもない。コンディションが悪かった訳でもない。試合後のインタビューで本人が言っていたとおり、前半の勝負所で打ち合うことに躊躇してしまった思い切りの悪さが招いた結果だった。

負けではなかったが、世界チャンピオンを目指す翁長にとっては負けと同じくらいの意味を持つ引き分けだった。翁長もジムも、描いていた設計図を修正せざるを得なくなった。

翁長の練習量はジムでも1、2を争う。雨の日でもロードワークを休まない。試合が終わるとしばらく練習を休むボクサーも珍しくないが、試合後数日もすると普段通りの練習を再開させる。

「みんなによく出来るねって言われるけど、仕事ですから。会社員の人が会社行きたくないなぁって思っても行かなくちゃいけないのと一緒ですから。雨が降ってるときもいいように考える。走っても暑くないじゃないですか。

僕は沖縄から夢持ってきてるから。だからやっぱりいい仕事、いい練習しないといけないと思ってる。練習一個一個でも、ストレッチ一個一個でも、僕はボクシングに完璧を求めたいんです。強くなるためだったらどんなことでも求めたいんです。だから僕はこっちであんまり友達を作る気はないですね。友達が少ないからボクシングに集中するんです。

沖縄にいるとバカになるんです。沖縄には友達がいっぱいいて、飲むし遊ぶし騒ぐし。練習もするけど朝から晩まで遊ぶ。でもボクシング人生もあと少しかなと思ってるし。もうあと10年もやれないよ」

ガルシアとの引き分け後、ふたつの調整を兼ねた試合をいずれもＴＫＯで勝利した翁長に再びチャンスが巡ってくる。日本スーパーフライ級の王者、中広大悟（広島三栄ボクシングジム）の負傷により、暫定王者決定戦が行われることになり、ＷＢＡ世界スーパーフライ級10位の翁長と、日本スーパーフライ級１位の佐藤洋太（協栄ジム）のあいだで争うことになったのだ。

試合１ヶ月前の翁長は絶好調だった。スパーリングパートナーとして大橋ジムに呼ばれた世界ランカー、日本ランカー、東洋太平洋のチャンピオンクラスをスパーリングで面白いようにリングに転がした。スパーリングでは頭への衝撃を和らげるためヘッドギアと呼ばれる防具を着けて行われる。そのためパンチの威力が軽減され、ダウンを奪うのは試合よりも難しくなる。それでもなおの翁長の好調ぶりにジム関係者の期待も大きくふくらんだ。

高校では３冠の翁長だが、プロ入りしてからはいまだタイトルには無縁だ。そのタイトルがもう手の届くところに見えていた。

２０１０年５月１日。初夏を思わせる暖かい陽射しが心地よく、空は雲ひとつない青空が広がっていた。この日後楽園ホールでは日本ミニマム級と日本スーパーフライ級のふたつのタイトルマッチが行われた。沖縄からも翁長の戴冠した姿を一目見ようと30人ほどの応援団が駆けつけていた。赤コーナー側の２階席からはダルマの左目にだけ墨の入った「必勝　翁長吾央」の大きな旗が目立っている。ダブルタイトルマッチということで前座の４回戦からかなりの席が埋まっていた。

対戦相手の佐藤は26歳。高校時代はアマチュアで活躍し、国体で3位という記録を持っている。岩手県の出身で、たぶん地元からも大勢応援団が駆けつけているのだろう、「みちのく魂」と描かれた緑の小旗が観客席のあちこちで揺れているのが見える。

いよいよ翁長の出番が近づく。赤と黒で彩られた「翁長吾央」の幟がリングに向かう通路にずらりと並ぶ。指笛が鳴る。声援が響く。人がうねる。そのなかを大橋会長を先頭に翁長陣営がリングに向かう。白いトレーナーに金色のストライプが入った深紅のトランクスに、シューズ。トランクスにはもちろん「555」の縫い取り。

両者がリングの中央で向き合う。銀色のトランクスに黒いシューズの佐藤は、翁長より頭ひとつ分背が高く、とても同じ階級の選手とは思えないほど見事な体格をしている。不安がよぎる。

試合開始を告げるゴングが鳴る。と同時に低い姿勢から翁長が飛び込む。左右のパンチが顔面を捉えて佐藤を圧倒する。1、2ラウンドは翁長が完全にペースを握り試合を支配していた。

だが、それを見ながらどこかで違和感を感じている自分がいた。相手を圧倒しているものの、でも翁長らしくない。

いつものように距離を取り、相手の動きを見切った上でくり出すキレ味鋭いパンチではない。緊張のせいもあるのか、あせって自分から突っかかって行ってるような、らしくないボクシング。

パンチにも勢いがない。当たってはいるが佐藤に与えるダメージはそれほどではないだろう。それでも3ラウンドまでは翁長がポイントの上で有利に立っていた。だが状況は4ラウンド以降がらりと変わる。翁長が飛び込んでくるところに佐藤が右のストレートをカウンター気味にあわせる。これが何度もクリーンヒット。やがて細かいジャブまでが翁長を捉え始めると一気に形勢が逆転した。

パンチが当たり始めたことで自信を得たのか、体格差を活かして佐藤が前へ前へと攻め立てる。翁長はといえば防戦一方で手が出ない。6ラウンドには佐藤のパンチで右目をカット。さらに何発も浴びせられたパンチで左目まで腫れてきている。

出血と腫れで翁長の視界はかなり狭くなっていたはずだ。再三の強烈なパンチを浴びてどうにかクリンチで逃げる。そんな展開のまま6ラウンドが終わった。

7ラウンドが始まって1分が過ぎた頃、カットした傷からの出血がひどくレフェリーが試合を止める。ドクターが翁長の目の傷をチェックすると試合はそのままドクターストップ。この瞬間、佐藤のＴＫＯ勝ちとともに、日本スーパーフライ級暫定王者が誕生した。

プロデビュー以来初めて味わった敗戦はあまりにも大きな1敗だった。赤コーナーから喜びに沸く佐藤陣営をじっと見つめる翁長は、しばらくの間椅子から立ち上がることも出来ずにいた。

試合からひと月ばかりたった頃、ＪＲの鶴見駅で待ち合わせた。現れた翁長は、腫れは引いているものの、まだ右目の周りに青黒さが残っていて、試合のダメージを物語っていた。

仲通り町にある沖縄そばの店で食事をしながら、いつもと違うボクシングをした理由を尋ねた。「言い訳になるから」となかなか口を開かない。なお問いつめても結局口を割ることはなかった。だが、どこかに故障を抱えていたのではないかと想像する。早い回で決着をつけようと焦ったあげくがあの自分から突っかけていくボクシングだったのではないだろうか。

「自分のなかで短期決戦を望んであわてるボクシングなっちゃった。試合が終わってちょっとしてから沖縄に帰ったんです。沖縄に帰って金城監督に会って。監督からは怪我の心配をされただけで、試合のことはなにも言われなかった。けど思い出した。

高校でボクシングを始めて、何も知らずに監督のことだけ見て育って、チャンピオンになって。でも監督の下を離れて大学に行って、プロに行ってだんだんだんだん知らないうちに楽な方へ楽な方へ行っててた。でも今回監督のところへ行って思い出したんですよ。練習で泣けばいいよ。いくら泣いても試合で勝てばいい、そう思った。

高校生の練習を見てて、ずーっと変わらないんですよ、監督の言い続けてること。それなのにいつの間にか心の中で『俺はプロだし高校生とは違う』ってどこか上から目線で見てたかもしれない。もうボクシングを知った気になってて。

[photo:Takumi Inoue]

ジムの壁に貼ってあった！『練習で泣いて試合で笑え』って。そういえばあれを毎日見てたなぁって思い出した。あの頃はものを知らないから監督だけを見てればいいって思ったし。沖縄から出て、色んな人から教わって、いろんなパートナーと組んで。でもなにひとつ結果は残せてない。僕は高校生からチャンピオンになったことがない。今回負けて、なんで高校生の頃はチャンピオンになれたのか考えた。それでやっぱり高校生の頃みたいに自分を追い込んで練習しないといけないと。

落ち込んでる暇なんてないですよ。もう、どうやったら次勝てるのか、それしか考えてないですね。落ち込んでる暇なんてねぇやと思った」

佐藤との一戦を機に、翁長は松本トレーナーとのコンビを解消し、新たなトレーナーとコンビを組むことになった。だがこれまでのように毎日練習を見てもらえるわけではなかった。顔を合わせるのは週に1度か2度。それも何曜日に来るのかすらわからない。必然的にたったひとりで練習せざるをえなくなった。

ボクシングジムにとってボクサーは、言ってみれば商品でもある。商品価値があると判断すれば磨いて育て、さらに商品価値を高める企業努力をする。世界タイトルマッチともなればテレビの放映権は大きな収入を生み出してくれる。

だが、価値なしと判断すれば手をかけるようなことはない。厳しいようだがボクシングジムの経営は慈善事業ではない。もちろん夢がなければやっていけない特殊な商売ではあるが、利益を生み出さないことにはジムの経営すら立ちゆかなくなる。

ガルシアと引き分け、佐藤に敗れた翁長に対し、ジムは翁長の商品価値に疑問符を付けたとしてもおかしくない。大橋ジムは移籍金を支払い、チャンスを作って与えてきた。だが、そのチャンスを生かすことが出来なかった。もう一度チャンスをもらうためには、翁長が自らの商品価値を上げるしかない。

ボクサーが商品価値を上げるということ。それは試合に勝つこと以外にない。高校、大学と常にアマチュアボクシングのトップ選手だった翁長にとって、ボクシング人生で初めて追い込まれた状況に直面していた。

「こういう状況を作っちゃったのは自分だから。自分の実力だからね。だから頑張らないと。本当に歯を食いしばってやらなくちゃいけない時期だなぁと思う。

俺も本当はいろいろある。なんでもっと俺を見てくれないんだよ、なんで俺じゃなくてあいつなんだよ。もっと俺を見てよ。でもグチったら終わりだから」

翁長からは焦りが感じられた。結果を出せない自分への焦りと、確実に結果を残しているジムの同僚選手たちに差をつけられたことへの焦り。大橋ジムには翁長と同世代のトップボクサーがふたりいる。共に１９８３年生まれの八重樫東と細野悟。

ミニマム級の八重樫は２００６年に東洋太平洋チャンピオンの座を獲得すると、翌年には世界タイトルに挑戦。敗れはしたものの２００９年６月には日本ミニマム級チャンピオンの座を射止め、防衛を重ねていた。

いっぽう細野は２００８年に東洋太平洋チャンピオンの座を獲得し、３度防衛した後に２０１０年１月には世界タイトルに挑戦し敗れるものの、同年10月には日本チャンピオンに復帰し、虎視眈々と世界再挑戦を狙っていた。

それに比べて俺はいったいなにをしているんだろう？　そんなふたりに対する焦りが翁長を迷走させていたのかもしれない。

敗戦から６ヶ月後の11月、翁長は復帰戦を３ラウンドＴＫＯ勝ちで飾ると、翌年４月の試合でも判定ながらも相手を圧倒して勝利する。この一戦を機に、翁長は「最強後楽園」への出場を決め試合から遠ざかった。

「最強後楽園」は２００８年に始まった日本ランカーによるトーナメント戦で、優勝者は日本タイトルへの挑戦権を手に入れることができる。

本来日本ランキングに名前を連ねていれば、日本チャンピオンに挑戦する資格を持っていることとになる。だが、チャンピオンサイドからすれば、強い選手と対戦するよりも、12人いる日本ランカーのなかから、「これは勝てる」と踏んだ相手を指名してタイトルマッチをこなしていくほうがタイトルは守りやすい。

だが、弱い相手を選んで防衛を重ねていてはタイトルそのものの価値が疑わしくなってくる。そこで日本ボクシングコミッション（ＪＢＣ）は次のように定めている。

＝チャンピオンはタイトル獲得後６ヶ月以内にランキング12位以内の者と防衛戦を行わなければならない。ただし、チャンピオンが初の防衛に成功した後は、６ヶ月ごとにランキング１位の者の挑戦に応じなければならない＝

このルールによって、半年に１度は最強の相手と拳を交えなければならないことになる。だが、それでもチャンピオンに挑戦出来ないランキングボクサーが多いことに変わりはない。

そんなボクサーの救済と、本当に強い者同士の試合を見たいというファンの声、そしてボクシング界の活性化を目的に開催されるのが「日本タイトル挑戦権獲得トーナメント」、通称「最強後楽園」というわけだ。

２０１１年、スーパーフライ級から「最強後楽園」にエントリーした選手は３名。日本ランキング８位・杉田純一郎（ヨネクラジム）、同じく9位・帝里木下（千里馬神戸ジム）、そして２位の翁長吾央。まず7月に杉田と帝里が戦い、その勝者が10月に翁長と決勝戦を戦う。勝者はチャンピオン佐藤に翌春挑戦することになる。リベンジを誓う翁長にしてみればこれは願ってもないチャンスだった。

7月、杉田と帝里の戦いは3-0の判定勝ちで帝里が決勝に駒を進めていた。

2011年10月15日。後楽園ホールでは最強後楽園の決勝戦5試合が組まれていた。試合はすべて8回戦で行われる。普段の興行のように前座の試合はひとつもない。言ってみれば、すべてがメインイベントといってもおかしくない組み合わせばかり。後楽園ホールは試合開始前からボクシングファンの熱気に溢れていた。

試合は体重の軽いクラスから試合が行われるため、翁長と帝里の試合は早くも2試合目に出番が回ってくる。帝里木下は大阪生まれの韓国籍ボクサー。元世界スーパーフライ級の世界チャンピオン、徳山昌守に憧れて朝鮮高校に入学後、ボクシングを始めたという。

2008年のプロデビュー以来この日まで13戦して13勝。KOこそ3つと少ないが、常に前に出るボクシングスタイルからは気持ちの強さが感じられる。佐藤と比較すればテクニックもパンチ力も劣るものの、前に前にと出てくるボクシングには要注意だ。

1ラウンド、翁長はリズミカルに動いて帝里との距離をとりながら攻撃を仕掛ける。無理矢理距離を詰めようとする帝里に、足を使って動きながらのストレート、フックがきれいに決まる。ただ攻撃が単発でちょっと慎重すぎる気がしないでもないが、上々の滑り出しだった。続く2ラウンドも翁長が支配する。パンチをもらってヒヤリとさせられる場面もあったが、的確に相手を捉えていたのは翁長の方だった。

3ラウンド、右のジャブを突きながら翁長が攻撃を仕掛ける。だが帝里はこのラウンドからスタイルを変えてきた。頭を低くして細かいパンチを出しながら体ごと突っ込んでくる。自分の距離を保てなくなってきた翁長の手数が減る。そして終了間際のことだった。突っ込んできた帝里の頭が当たり、翁長が右側頭部をカット。ドクターのチェックが入るがなんとか試合は続行となった。

4ラウンド、帝里が頭からの突進を繰り返す。そしてバッティング。突進とバッティングを繰り返された翁長は対応できずもはや手が出ない。傷口も広がったのか出血が止まらず、ラウンド途中で試合はストップとなった。

通常の試合であれば4ラウンド途中で試合が終わったため、負傷引き分けということになる。だが、今回ばかりはトーナメント戦のため勝者を決めなければならない。そのため公式記録上は引き分けだが、特別ルールの結果、2-1の判定で帝里木下が勝者扱いという結果に終わった。

翁長に分があったようにも思えたが、帝里の突進になす術もなくクリンチを繰り返す翁長のボクシングは印象が悪かった。リング下で試合を見つめるジャッジに消極的と見られてもおかしくなかった。

なにがなんでも勝つ、どんなボクシングをしてでも勝つ。翁長には勝ちに対する貪欲な気持ちが見えなかった。逆に頭から突っ込んでバッティングを繰り返し反則スレスレで勝ちをかすめ取った帝里は、勝つことにどこまでも貪欲だった。

帝里にあって翁長にないもの。テクニックでもボクシングセンスでも、翁長の方が上回っているように思える。それでも翁長が勝てなかったのは勝ちに対する執念、それ以外のなにものでもなかった。

年が明けて２０１２年。勝負の女神はまだ翁長を見捨ててはいなかった。日本チャンピオン佐藤が世界タイトルに挑戦するため、日本タイトルを返上。空位となったチャンピオンの座を賭けて、翁長と帝里が再び拳を交えることになったのだ。

ベビーフェイスとヒール。前回の試合を思い出すとそんな言葉が浮かんだ。きれいなボクシングをする翁長に対し、勝利への執念でぶつかってくる帝里。前回と同じようなボクシングをしては相手の思う壺だ。同じ相手に2度やられるわけにはいかない。

翁長がどのように戦い方を修正してくるのか。そして勝利への執念をむき出しにすることが出来るのか。因縁の再戦は3月27日、後楽園ホールでなんと佐藤洋太の世界タイトルマッチの前座として行われることになった。

翁長と佐藤の間で行われたタイトルマッチからわずか2年。たったひとつの勝敗がその後のふたりの境遇を大きく変えていた。翁長に勝利して暫定王者となった佐藤は、ケガから復帰した正規王者の中広との戦いに競り勝つと、その後タイトルを4度防衛。そしてこの日、同じリングでWBC世界スーパーフライ級のチャンピオン、スリヤン・ソー・ルンヴィサイ（タイ）に挑戦する。あの日リベンジを誓ったはずの相手の背中ははるか遠くになっていた。

もし、という言葉が無意味であるとはわかっていても、それでも想像してしまう。もし、あのとき翁長が佐藤に勝利していれば、この日を逆の立場で迎えていたかもしれない。

3月27日。この日は変則的に試合が組まれていた。世界タイトルマッチが衛星放送で生中継されるため、前座であるはずの翁長・帝里戦はメインイベントの佐藤・スリヤン戦後に行われる。収容人数2000人前後の後楽園ホールは、世界タイトルマッチともあって立錐の余地がないほど混み合っていた。

世界タイトル初挑戦の佐藤は見事だった。体格差でチャンピオンを上回る佐藤は、初回から長いリーチを活かしたジャブでペースを握ると、3回にはスリヤンの放った大振りのフックをかわしながら右のストレートをクリーンヒットさせてダウンを奪う。立ち上がったところを再びの右ストレートでダウンを奪うなど終始優勢に攻め、3-0の判定でタイトルを奪取。

試合後のリングで行われたインタビューで流した佐藤のうれし涙を見て、不意に金城監督の「練習で泣いて試合で笑え」という言葉を思い出した。目の前のリングに笑う以上に喜びのこもった涙があった。この後に行われる試合で翁長はこんな涙を流すことが出来るだろうか、と。

翁長と帝里の試合を前に、リングで行われた新チャンピオン佐藤のインタビューが終わると、詰めかけていた観客が次々と席を立ちはじめた。曲がりなりにもこれから日本タイトルマッチが行われようとしているのに。これがボクシング人気の現状なのだろう。観客席に残ったのは5割程度だっただろうか。

翁長対帝里。試合の滑り出しはどちらも慎重だった。前回の試合が頭に残っているのだろう、翁長は距離を詰めさせないことを最優先させるかのように動き回る。お互いに手数は少ないものの、やや翁長の方が的確にパンチを当てていたように思う。

そして4ラウンド、右のジャブを突いて出た翁長の左ストレートが帝里のボディーを打ち抜く。体をくの字にして耐える帝里。翁長が帝里を捉え始めた。

手数こそ少ないが的確なジャブと時折見せる左のストレート。ポイントでリードしているのは確実に翁長だった。前回の試合の教訓が生きていた。突っ込んで来て乱闘になるような試合はしたくない。ならばなにがなんでも突っ込まれない距離を維持してパンチを当てる。倒すことは出来ないものの確実にポイントを重ねて勝利を奪う。そんな作戦に見えた。

だが中盤以降、帝里がそれまで以上に強く踏み込んでくると状況が一変した。

ボクシングをしていては勝ち目がないと判断したのだろう。頭を低くして体ごと突っ込んでくる。突っ込んでくるたびに頭が激しくぶつかる。翁長はそのたびに顔をしかめてレフェリーにアピールするも聞き入れられない。

8ラウンド以降、翁長の気持ちは完全に切れていた。もうやってられない。こんなのはボクシングじゃない。こんなのには付き合ってられない。頼むからボクシングをしてくれ。ふてくされたような表情からは戦意をうかがうことはできなかった。

細かいジャブからの攻撃は陰を潜め、突っ込んでくる帝里の顔面を狙った大振りの左フックがことごとく空を切る。

8ラウンドには右目下を、最終10ラウンドには左目をバッティングでカット。後半の3ラウンドはまるで前回の試合の再現を見ているような展開だった。こうなると完全に帝里のペースになる。相手の動きが完全に止まったとみるや、翁長のボディーを執拗に攻めてポイントを奪っていった。

試合終了のゴングが響く。どちらが勝ったのか、まったく予想がつかなかった。中盤までは明らかに翁長がリードしていたはずだが、後半、帝里のラフファイトがどこまで盛り返したかが勝負の分かれ目だ。

判定は2－1に割れた。97－95、96－95。ふたりのジャッジが帝里の勝ちと判定。残るひとりが96－95で翁長を支持していた。僅差の判定で涙を飲んだのはまたしても翁長だった。

翁長と帝里を比較すると、ボクシングセンスに長けているのは間違いなく翁長であろう。翁長にとってボクシングとは相手のパンチをかわして、いかにキレのある有効打を打ち込むかにある。

いっぽう帝里にとってボクシングとは勝つことが最大のテーマなのに違いない。きれいなボクシングをしても負けてはなんの意味もない。きれいである必要はない。ラフでも構わない。頭が当たろうが、肘で打とうが、とにかく最終のゴングが鳴った時点で勝てばいい。

頭から突っ込んでいけばどういうことになるのかは前回の対戦でわかっていたはずだ。それでもポイントをリードされていると判断した中盤以降、あえて突っ込んでいったのは、どうすれば翁長から勝利を奪えるのかを考えての判断だったに違いない。前回の試合でどうすれば翁長が失速するのかはわかっている。

故意のバッティングはもちろん反則で減点の対象になる。だが、故意か偶然かを判断するのは選手ではない。反則ギリギリでも反則と判断されなければ問題ない。勝ちは勝ちだ。どんな手を使ってでも勝ちに行く。好き嫌いは別にして、試合に勝つことで地位と名誉と金を得るのがプロボクサーなら、帝里の姿勢はまさにプロらしいプロと言えるだろう。

「なんでチャンピオンになれないんだろう。沖縄にいたときはなんで勝てたんだろう。こんなにいい環境でやらせてもらってるのに結果が出せないのはどうしてなんだろう」

いまボクシングを辞めたらなんも残らない、意味がない。チャンスをもらってるのに結果を出せない焦り。佐藤戦以降、翁長は自分のボクシングを見失っていた。造りあげてきたボクシングスタイルが通じない。自分でもわかっているはずだ、それが気持ちの問題であることに。

「こないだの帝里のときも、後半頭から突っ込んで来たとき、それならこっちも頭を低くして対抗するとかガードでガッチリ固めて当てられないようにするとか。そうすれば良かったといまは思う。でもあのときはうんざりだった。こんなのはボクシングじゃない。こんなことしてまで勝ったってどういう意味があるのって。

だけどこのまんまじゃ終われない。たぶんいま、16歳でボクシング始めて以降精神的にいちばんハングリーですよ。勝ちに飢えてる。しばらくはこれまでみたいにタイトルを賭けた試合はないと思ってる。だけどもう一度そこに行けるように、一戦一戦が勝負になると思う」

２００８年、沖縄ワールドリングジムから大橋ジムへの移籍が報じられたとき、ようやく平仲明信以来の世界チャンピオン登場を確信した。ところがどこでボタンを掛け違えてしまったのだろうか、移籍4年を過ぎても未だ翁長は世界タイトルマッチの舞台にすら立つことなく迷走を続け、ボクサーとしてはすでにベテランとも呼べる年齢を迎えている。

いまだ翁長が日本のトップボクサーのうちのひとりであることに間違いはない。だが、決定的な変化、決定的な変革がなければそこに埋没したまま抜け出すことが出来ないのではないかと案じている。

はからずも翁長は帝里戦を振り返って口にしている。「こんなことしてまで勝ったってどういう意味があるのか」と。意味はある。大きな意味がある。あの試合で勝つのと負けるのとでは、ボクサー人生は大きく変わる。

きれいなボクシングで勝ちたいという翁長の気持ちは充分にわかっているし、反則してでも勝てと言うつもりもない。問題はなにがなんでも勝つという気持ちの問題なのだ。2度目の帝里戦では最後の3ラウンド、翁長は勝負を捨てて試合に負けた。なにがなんでも勝つという気持ちは帝里の方が勝っていた。

翁長のボクシングに年齢的な翳りを指摘する声もあるが、僕の目にはそのようには映らない。どうあがいても結果を残せない焦りから、自分のボクシングに自信を失っているのかもしれない。

なにかひとつきっかけさえ掴んで自信を取り戻せれば、まだまだ翁長のボクシングは磨かれて進化するのではないか。なにかひとつのきっかけ。それはトレーニングで培えるものではない。

言葉以前の領域、精神的な変革が必要なのかもしれない。

何のために沖縄を出たのか。どうしてヒジュルーと思われてまで沖縄を出たのか。沖縄を出たのが正解だったと翁長が実感できる日がやってくることを願っているし、僕はいまだに信じている。

久手堅大悟

[photo:Koichi Kanazawa]

僕は３回負けたら辞めるって決めたんです。
プロ選手としてひとつのけじめとして。
東京に出てきて、ボクシングだけじゃなくやりたいこともみつけたんで。

1998年8月31日正午過ぎ、朝鮮民主主義人民共和国から日本海に向けミサイルが発射された。対馬を挟んで朝鮮半島と向かい合う長崎県佐世保市にある自衛隊駐屯地では非常招集がかかり、出動待機命令が発令された。隊員たちは素早く戦闘服に身を包み臨戦態勢を整えると、緊張した面持ちで小隊長の話に耳をそばだてていた。

翌日の朝刊を引用する。

在日米軍司令官（東京）から三十一日、防衛庁に入った連絡によると、同日午後すぎ、朝鮮民主主義人民共和国（北朝鮮）の東部沿岸から弾道ミサイル一発が発射された。防衛庁の河尻融・防衛審議官は同夜、記者会見し、ミサイルの一部は日本上空を飛び越え、三陸沖の太平洋に着弾した可能性が高いと発表した。北朝鮮が新たに開発を進めている「テポドン1号」の可能性もある。訓練や実験などのための試射とみられる。北朝鮮は一九九三年、「ノドン1号」を能登半島沖の日本海に試射しており、発射が確認されたのは約五年ぶり。防衛庁はこれまでも、ノドンが配備された場合、日本の過半が北朝鮮のミサイルの射程内に入る可能性を指摘してきたが、実際に北朝鮮のミサイルが日本を飛び越えるのは初めてだ。政府は同日、北朝鮮に対し、「きわめて強い遺憾の意」を直接伝えた。

（「朝日新聞」１９９８年９月１日付朝刊より抜粋）

佐世保市大潟町にある陸上自衛隊、相浦駐屯地では通常の部隊に加え、新兵約30人の教育訓練が行われていた。教育訓練は前期と後期に分かれ、それぞれに３ヶ月が費やされる。

前期教育訓練では主に行進や敬礼、自衛隊体操といった基本中の基本からはじまり、自衛隊員としての心構えや戦闘基本訓練などを徹底的に叩き込まれる。

北朝鮮からのミサイル発射はこの前期教育訓練がそろそろ終わろうかという時期の出来事だった。自衛隊員としてはまだまだ半人前の彼らにも非常招集がかかる。万が一北朝鮮が兵力を持って攻撃を仕掛けてきたときには、真っ先に対応に当たらねばならない部隊だった。

「実際にミサイルが発射されたって聞いても、最初は現実感があまりなかったですね。どこか別の世界の出来事みたいに感じて。ところが、上の人たちがすごくピリピリしていて、出動待機命令が出て、あっ、いま自分はすごく戦争に近いところにいるんだって実感してからは恐怖を覚えました」

その年の春に高校を卒業した久手堅大悟は7月に陸上自衛隊に入隊。佐世保の相浦駐屯地で前期教育訓練中にこの日を迎えた。まだ慣れない戦闘服に身を包み、あって欲しくない出動命令に備えていた。

久手堅が自衛隊に入隊したのは、国防のためでも愛国心からでも、ましてやミリタリーファッションに憧れていたわけでもない。ボクシングでシドニーオリンピックを目指す。それが唯一無二の目的だった。

自衛隊に入隊した新兵たちは前期と後期の教育訓練中にランク付けされ、その成績によって配属先が決められる。だから新兵たちは目の色を変えて訓練に取り組んでいた。だが、高校時代にボクシングでそれなりの成績を残していた久手堅は教育訓練終了後には、一日中ボクシングの練習さえしていればいいという環境が保証されていた。にもかかわらずだ。想像もしていなかった非常事態の最前線に巻き込まれてしまったのだ。

自衛隊がどういう目的で組織された集団であるのかは、入隊前から理解しているつもりだった。もちろん第二次世界大戦の折に沖縄で何が起こったのかは知識として知ってはいた。だが、1979年生まれの久手堅にとって米軍基地は身近であっても、実際の戦争を身近なものと感じたことは生まれてこのかた一度もなかった。

幸運にも北朝鮮からのミサイル騒動はその後鎮静化の方向に向かったものの、戦争と隣り合わせの恐怖はこれで終わらなかった。

前期教育訓練を終えると後期は場所を移し、熊本県熊本市八景水谷にある北熊本駐屯地で行われた。訓練は前期と比べより高度なものとなる。各部隊の専門的な訓練のほか、重火器の訓練も行われた。

年が明けて1月、訓練を終えた新兵たちは配属が決まりそれぞれの部隊へと散っていく。久手堅の配属は北熊本駐屯地。後期教育訓練を受けた部隊にそのまま残り、ボクシング漬けの生活がスタートを切る。

起床は朝6時半。点呼の後に朝食をとり、ロードワークに出る。午前中いっぱいはダッシュや筋力トレーニングなど基礎体力を養う練習を日替わりで行う。昼食をはさんで夕方5時までジムワークとなるが、練習メニューは各自の裁量にゆだねられていた。

ジムには専属のスポーツトレーナーやマッサージ師がいて、食事に関しても栄養士がメニューを考え、サプリメントまで用意してくれる。至れり尽くせりの申し分のない環境だ。

来る日も来る日もボクシングに明け暮れる生活が始まって3ヶ月余りがたった3月23日、今度は北朝鮮の不審船騒動が起きる。

能登半島沖を警戒監視活動中の自衛隊哨戒機が不審船2隻を発見する。防衛庁から連絡を受けた海上保安庁は巡視船と航空機で対処に当たるが、海上保安庁の能力では対応できないとの判断から、自衛隊創設以来初めて海上警備行動が発令された。

海上では不審船に対し、護衛艦「はるな」と「みょうこう」が無線と発光信号で停船を求めるが逃走を続けたため警告射撃を実施。さらに空からは八戸空港を離陸した自衛隊機Ｐ－３Ｃ２機が爆弾４発を投下したが、それでも不審船は停船することなく日本の防空識別圏の外に出たため追尾を終了している。

「あのときはミサイルのときほどせっぱ詰まった状況ではなかったんですけど、翌日朝礼のときに報告があって、中隊長からいつでも出動できる態勢を作っておくようにという話がありました。自衛隊にいるっていうことは、つまりはこういうことなんだなと改めて感じました」


シドニーオリンピックの予選を前に、久手堅は北熊本駐屯地から東京都練馬区にある自衛隊体育学校へと転属する。自衛隊体育学校は「部隊等における体育指導者の育成」「オリンピック等国際級選手の育成」「体育に関する調査・研究」を目的に、１９６１年に朝霞駐屯地内に創立されている。入校資格は自衛隊員であることが前提で、これまでにもオリンピックで６人の金メダリストを含む数多くのメダリストを輩出してきた実績がある。２０１２年のロンドンオリンピックには、ボクシング、レスリング、水泳、競歩、射撃、近代5種の6競技に総勢12名の自衛隊員が選ばれている。

学校とは名がつくものの、ここではあくまでも結果が求められる。自衛隊にはボクシングだけでなく、柔道、レスリング、水泳、射撃など、アマチュア競技で実績を残したアスリートたちが入隊してくる。だが国防を主たる目的とする自衛隊が、アマチュアスポーツ選手を無条件に養ってくれるはずもない。隊員たちの士気高揚に繋がるような好成績を残せば昇任にも反映されるがその反面、結果を残せなかった選手は体育学校をクビになり、一般兵に戻される。

いつしか久手堅は、練習に身の入らない、惰性で体を動かしているだけの毎日を送るようになっていた。度々練習をさぼり、試合に出ても結果を残せない。

「俸給は18万、手取りで14万くらいでした。でも衣食住が保証されているので大きいですね。春、夏、冬にボーナスがあって、春が1・3倍、夏が2・1倍、冬が2・5倍くらいだったかな。当時はそれが普通だと思ってたけど、考えてみるとすごく好待遇だったと思います。

自分はボクシングをするために自衛隊に入ったのに、なんだかその生活に甘えちゃって、とりあえず毎日ボクシングをやっていれば金が入ってくるっていう考え方になっちゃったですね。もうアマチュアで頂点を目指すなんていう気持ちもなくなって、自分が楽しんで生活するためにボクシングをやっていたような。僕は性格的にすぐ楽な方へ行く傾向があるんで、甘くなった自分がいました」

結果次第でファイトマネーも待遇も変わるプロと違い、アマチュアでは負けたからといって給料がカットされるわけではない。そのなかにあってどうモチベーションを維持していくのかを考えると、アマチュアアスリートはプロよりも自分に厳しくなければ競技を続けるのが難しいとも言える。

２０００年、シドニーオリンピックの選考会でも結果を残せなかった久手堅は、自衛隊体育学校をクビになり、一般兵に戻され、沖縄に駐屯する部隊に配属された。沖縄への配属は自身の希望ではあったが、失意の帰郷でもあった。


１９７９年8月10日、久手堅大悟は豊見城村で生まれた。家族は両親と4歳下の妹がひとり。父は東京で板前修業の経験を持つ和食の料理人だった。少年時代は父親の仕事の都合で、小学校を4回、中学校を1回それぞれ転校している。そのせいでもあるのだろう、小学校時代は引っ込み思案な性格だった。

こんなエピソードがある。野球が好きで野球クラブに入りたいのに、自分から入れてくださいと頼み込む勇気がない。練習の行われる日曜日、早朝6時半になると決まって妹の手を引き、近所のグラウンドまで練習を見に行った。見ているだけで決して自分から声をかけることはなかった。

数ヶ月後、声をかけたのは野球クラブのコーチのほうだった。晴れてチームの一員となったものの、そのわずか1年後には転校することになり、クラブも辞めざるを得なかった。

「4年生ぐらいから、学校から要注意人物って言われるようになって。あっちこっち遊び歩いて、人の家に石を投げるような悪いいたずらがひどかったんです。中学に入るとヤンキーに憧れて応援団に入ってしまいまして。たいして度胸もないくせにカッコばっかりつけて。隣の中学校に殴り込みをかけて、向こうの先生に追いかけられたり、かわいいもんでしたけど。

中学3年で進路をどうするかっていう時期になって、それ以降はおとなしくなりましたけど」

進路といっても成績が悪く内申書も0に近い状態で、教師からも「県内に行ける学校はない」と匙を投げられる始末。唯一入学できる見込みがあるのは宮崎県にある私立M高等学校という学校だった。「M高校で更正されてきなさい」という教師の言葉に送り出され、久手堅は進学する。

M高校は全寮制の学校で、校訓に「愛国心」「勤労」「気魄」を掲げている。自衛隊式の厳しい学校として有名で、入学直後に教えられることが敬礼と回れ右、気をつけ、休めといった諸動作。体育の授業のなかに自衛隊体操が組み込まれるなど、自衛隊の組織を高校に盛り込んだような厳しいところだった。

後に自衛隊の前期教育訓練で自衛隊体操を教えられた折、新兵の中で久手堅だけが最初から最後まで完璧にやってのけた。それを見た上官に「こいつはすこぶる物覚えがいい」と感心され、高評価を得たという話もある。

「ものすごく統制化された学校で、運動会のとき理事長が立っている壇上の前を通過するときには、みんなできちんと手を挙げて敬礼して行進するような。寮生活だったんで、なかなか外にも遊びに行けないし。序列も厳しくて3年が神様、2年が人間、1年は奴隷ですから」

部活動はレスリング部に勧誘され、有無を言わせず無理矢理入部させられた。ところがやってみるとこれが意外とおもしろくすっかり夢中になる。全くの初心者だったにもかかわらず、秋の県大会で準優勝するほどに腕をあげた。

いや、何かに打ち込んでいないとやっていられないという現実からの逃避がレスリングを強くさせたのかもしれない。

レスリングで好成績をおさめても、学校生活、寮生活に慣れることはできなかった。ある日の晩、全財産の3千円を握りしめて寮を脱走する。目的地があったわけではない。沖縄に帰ろうと思ったわけでもない。とにかくここじゃないどこかに行きたいという一心が引き起こした脱走だった。

「あの当時は気持ち的にも相当まいってたんでしょうね。毎日毎日どうしたら逃げ出せるのか、それはかり考えていましたから。まったく自由のない生活で、とりあえずそういう場所にいるのが耐えられないっていう、精神的に追い込まれた突発的な脱走でした。

みんなが寝静まるのを待ってそっと寮を抜け出して、市内まで走ったんですよ。歩き回って歩き回って、それでも行くところなんてあるわけがない。歩いているうちにだんだん冷静になってきて、そうしたら急に先輩が怖くなって、とりあえず寮に帰ることにしたんです。そのときふっと思いついたんです、沖縄の学校に転校しようと」

その日から編入試験に向けて、生まれて初めての猛勉強が始まった。部活を終えて部屋に戻ると食事の時間以外は消灯時間まで勉強に打ち込んだ。編入試験を実施している沖縄県内の高校を探し、沖縄尚学高校に狙いを絞った。

だが、必ずしも努力は報われるものではない。編入試験の結果は散々なものに終わった。まったく勉強してこなかった小中の9年間を取り戻すには、あまりに時間が短かすぎた。

「もう高校をあきらめて働くしかない」

と思い詰めたとき、拾う神が現れる。レスリングでの準優勝という成績に目をつけた沖縄尚学高校の職員が、体育コースでの編入を許可してくれたのだ。条件はもちろん体育系の部活動に入ること。だが、沖縄尚学高校にはレスリング部がない。勧められたのは柔道部か相撲部だった。だがどちらも興味のある競技ではない。しかしここでもまた拾う神が現れる。

興南高校でボクシングを指導していた金城が、沖縄尚学高校でボクシングの指導をすることになったというのだ。久手堅は金城が何者なのかも全く知らなかったが、それでも一も二もなくボクシング部への入部を決めた。高校1年生の9月、17歳のことだった。

久手堅は中学校時代にボクシングジムに通ったことがある。平仲明信が世界チャンピオンになった試合をテレビで見て、ボクシングをやってみたくなったのだ。

17歳でプロデビューして、19歳で世界チャンピオン。そんな夢を持っていた。だがそこには純粋にボクシングをやりたいという気持ちより、ケンカが強くなるんじゃないかとか、格好をつけたいという子供じみた下心のほうが大きかった。友達の前で意味もなくバンテージを巻いて見せたり、グローブをつけた自分の姿を鏡に映して酔いしれたり、出来もしないシャドーボクシングを披露したりという程度で、ジム通いはわずか2ヶ月で終わっている。

本格的にボクシングを学んだのは沖縄尚学高校に編入し、金城に師事してからだが、実際に指導を受けてみると、ボクシング以前のことをものすごく教わったという。もちろん技術的なアドバイスもあったのだが、それ以上に人間性を鍛えられたというのだ。

「毎日がきつかったけど、良かったですよ。あの時期があったから今の自分があるわけで。今の自分がいるのは金城監督に出会ったおかげっていうのがありますね。人間力を鍛えられました。もし監督に出会ってなかったら東京に来ることもなかったでしょうし。そうしたら沖縄でなにやってるかな？　サトウキビでも刈ってたんじゃないですかね」

久手堅がボクシングを始めた時期は、金城が興南高校から沖縄尚学高校に移る端境期にあたる。そのため合宿所には同級生や上級生には興南の生徒もいる混合部隊だった。興南高校の生徒たちにとっては最後のボクシング部員ということもあり、ひときわ強い思いを抱いていたに違いない。練習にも熱がこもる。選手全体のレベルもアップし、インターハイでは県内で6階級を制覇し、全国大会でも4階級で優勝をはたした。

通常、ボクシングに減量はつきものだ。少しでも軽い階級で戦った方が、より相手に大きなダメージを与えることが出来る。一切の無駄をそぎ落としたボクサーの肉体は鋭利な刃物のように美しい。身長１６３センチの久手堅なら、フライ級あたりが最も適した階級かもしれない。

ところが高校時代、久手堅の主戦場はライトウェルター級だった。プロボクシングではスーパーライト級にあたり、リミットは64キロ。普段の体重が60キロを切る久手堅は、減量ではなく増量して試合に臨んでいた。

「一生懸命食べて増量するんですけど、練習するとすぐ減っちゃうんですよ。練習がハードであまり食欲がわいてこないのにまた一生懸命食べて。県内の試合だったらよその学校でも顔がわかるからなにも言われないんですけど、県外の全国大会とかインターハイに行くと、みんなから階級間違えてるんじゃないかっていう顔で見られましたね。みんな身長が１８０センチ以上あるような選手ばっかりでしたから。高校時代は自分より小さい選手と試合したことなかったですね」

高校時代の久手堅は、大きな相手のパンチをかいくぐって懐に飛び込みボディーやアッパーをくり出すボクシングを得意としていた。体の大きな選手は小さな選手と比べると、どうしても動きが遅くなる。体の小さな久手堅が勝つために身につけた戦い方だった。だが、体重が重くなればそれだけパンチ力も重く、受ける衝撃も当然大きなものになる。当時の久手堅について金城監督は次のように語っている。

「久手堅は2年からだけどよく頑張った。3年で国体も行ったもんな、頑張った証拠だ。あの身長でライトウェルターでやらせたのはムチャだったな。でも久手堅はそれだけのものを持ってたから。頑張る気持ちを持ってたから。誰にでもあんなムチャさせるわけじゃない」

高校3年時にインターハイでベスト8という結果を残すと、都内のプロボクシングジムからの誘いもあった。だが、久手堅はアマチュアでボクシングを続けることを選択する。

「僕は結構考え方がしたたかなんです。プロで苦しい思いをしながらボクシングを続けるよりも、給料をもらいながら好きなボクシングをやったほうが最高だなと思って」

そして久手堅は就職先に自衛隊を選択した。

「なぜ沖縄のボクサーは強いのか？」

何人もの世界チャンピオンを生み出し、日本ランキングを席巻していた黄金時代、ボクシングファンの間ではそんな素朴な疑問があった。

その答えのひとつには骨格の差が考えられる。ウチナーンチュは他府県人に比べるとかなり骨太だ。拳で相手にダメージを与えるボクシングで、骨太であるということは身体的に有利だと言える。

体重別にクラス分けされるボクシングでは、同じクラスでは体格にそれほど大きな差はない。そのなかで相手より強いパンチを放つためには、筋力とテクニック、そしてスピードを磨くしかない。筋力、テクニック、スピードはトレーニングで向上させることは可能だ。だが、威力のあるパンチを放つのにもうひとつ欠かせない要素がある。それが強くて太い骨だ。

大げさな言い方をすれば、骨が太いということは、素手に石を握り、その上からグローブをはめたような状態だ。太い骨は持って生まれた要素であって、いくらトレーニングを積んだところで骨が太くなることはない。元々骨太のウチナーンチュボクサーが、トレーニングで筋力、テクニック、スピードを磨き上げれば、強くなることはもっともだともいえる。

そしてさらに久手堅の話を聞いていて、「なぜ沖縄のボクサーは強いのか？」を解くもうひとつの答えを聞いたような気がする。

「ＯＢの人もみんな言うんですけど、やっぱり日本人、相手が日本人だとものすごく気持ちが高ぶるって。ナイチャーには負けられんて。そういう気持ちが強いと思います。僕も高校の頃はそういう気持ちがあったんですよ。でも自衛隊に入って、日常生活でまわりがほとんどナイチャーじゃないですか。もうそういう気持ちがなくなりますよね。

優しくなりすぎちゃった部分もあるし。友達にも言われるんですよ、優しい気持ちじゃ勝てないって。だから、高校生の時に言われた『人に勝つ前に自分に勝て』『ナイチャーに負けるな』『練習で泣いて試合で笑え』っていう気持ちを思いだしていこうと。最近ようやく思い出しつつあるかな。練習してても、そういう気持ちを意識してやっているんで」

ボクシングはきわめて単純明快なスポーツだ。野球やサッカーのように複雑なルールもない。だが、単純な分だけ、心理的要素で勝負の行方が左右されることも少なくない。気持ちの持ちようひとつで、有利に進めていた試合を落とすこともあれば、圧倒的に負けていた試合がひっくり返ることもある。そこがまたボクシングの魅力でもあるのだ。

もちろん気持ちだけで勝てるほど、プロのリングは甘くはない。だが、テクニックだけでは頂点に立つことが出来ないのもまた真実だ。金城がボクシング部員達に口を酸っぱくして言ったという『ナイチャーに負けるな』という言葉は、ある時期まで、想像以上に大きな効果があったのかもしれない。

興味深いデータがある。日本ボクシングコミッション（ＪＢＣ）が毎月発表するプロボクサーの日本ランキング。選手層の薄い重量級では空欄もあるが、ウェイトの軽いミニマム級から最も重いヘビー級まで、全17階級のチャンピオンから12位まで（２００７年３月までは10位まで）の選手が発表されている。

具志堅用高が世界チャンピオンに君臨していた70年代以降のランキングを見ると、沖縄の選手がゴロゴロしていた時代がある。

たとえば１９８１年１月のランキングには、17名のウチナーンチュ選手の名前がある。さらにジュニアフライ級・伊波政春、フライ級・玉城和昌、バンタム級・ハリケーン・テル、ジュニアライト級上原康恒の４名は日本チャンピオンの座にある。まさにボクシング王国沖縄の全盛期だった。

多少の増減はあるものの、80年代の沖縄は常にふた桁のランキングボクサーを輩出するボクシング王国であり続けた。ところが90年代にはいると次第にその数が減り始める。

１９９２年、復帰20年を迎えたこの年、平仲明信がメキシコに乗り込み、チャンピオン、エドウィン・ロサリオからＷＢＡ世界ジュニアウェルターチャンピオンの座を奪取する。沖縄のジムから誕生した初めての世界チャンピオンだった。

だがそれでも王国の翳りに歯止めをかけることは出来なかった。90年代以降から現在に至るまで、日本ランキングに名を連ねるウチナーンチュボクサーの数は３人～５人前後を行き来している。

もちろん日本ランキングがすべてではない。日本ランキングに名を連ねていなくても世界ランキングや東洋太平洋のランキングに顔を出しているというケースもある。だが、ひとつの目安として日本ランカーの数を参考に沖縄プロボクシングの盛衰を考えるのは、あながち見当はずれでもないだろう。

いっぽう、ボクシング王国の翳りを尻目に、文字通りまばゆいばかりのスポットライトを浴び始めたジャンルがある。安室奈美恵やＳＰＥＥＤに代表される、沖縄出身であることを公言して憚らないアイドルたちの出現だった。

それまで沖縄出身を公言していたアイドルと言えば、１９７２年、復帰の年にデビューしたフィンガー５くらいのもので、その前年71年にデビューした南沙織はその出身を当初曖昧にしている。ところが90年代に入ると、沖縄ブームを追い風に沖縄アクターズスクールからきら星のごとく次々とアイドルたちがデビューし、芸能界を席捲していく。

安室奈美恵、ＭＡＸ、ＳＰＥＥＤらの活躍は芸能界に「沖縄ブランド」とでもいうべき地位を確立する。沖縄出身であることが引け目だった時代から、沖縄出身であることが誇りに変わりつつあった時代だった。

不思議なことに、ボクシング王国沖縄の衰退と沖縄出身アイドルの台頭は時期を同じくしている。これはいったいどういうことなのか。ただの偶然ではないと考える。次々とデビューしていく彼らはみな復帰後の生まれだ。「平成17年度県民経済計算」によると１９７２年、沖縄県民１人当たりの平均所得は４４万円というデータがある。これが10年後には３倍超の１３６万４千円に増加。内地との格差は相変わらずだが、それでも復帰前と比較すると沖縄が物質的に豊かになりつつあった時代だ。彼らは目に見えて沖縄が変わっていくさなかに少年少女時代を過ごしたことになる。

もの心ついた頃には、少なくとも表面上は内地とさして変わらない環境で育った彼らには、内地に対する対抗心やコンプレックスといったものは存在しないか、もしくはあっても前世代よりは希薄だといえる。彼らを急速に精神的内地化が進行した世代だと捉えれば、ボクシングの衰退とアイドルの台頭がリンクしている説明がつく。

生まれたときから「日本人」であることに疑問を持ったことのない世代に、どれだけ「日本人に負けるな、ナイチャーに負けるな」と説いても伝わるはずがない。逆に、沖縄という音楽や踊りが身近な風土で育った生まれながらの「日本人」が、特技や容姿を活かして躊躇うことなく芸能界に飛び込むのは自然なことと言える。

だからかつて具志堅用高が抱いていた「１２０％沖縄のために」という思いを、現在のボクサーに求めることはもはや酷な話と言えるのかもしれない。具志堅をはじめ、時代の流れの中で一貫して高校生にボクシングを教え続けてきた金城も次のように語っている

「それはですね、やっぱり時代、時代の違いがある。いまはもうヤマトとの距離が近くなった。生活も内地と重なるわけ。内地と変わらなくなってる。僕らがパスポートを持ってヤマトに行った時代、ヤマトに対してひがみみたいな、非常に差を感じたね。言葉にもコンプレックスを感じたし。しかしそういうのはいまはないと思う。船で2泊3日かけて東京に行ったの。それが沖縄と東京、いまでは日帰りも出来る。

いまの沖縄は、本土に、ナイチャーに対して甘い！　それはボクシングに限らず。そういう変化の中で、それに合わせた指導っていうのが僕らの役目かもしれない。逆に僕らが変わらなくちゃいけないのかもしれない。でもなかなか古い人間のせいでね、器用さがないんだなぁ、俺も」

一般兵に戻され、沖縄の駐屯地に配属されてのんびり過ごす毎日は、それまでになく快適だった。このまま自衛隊に残って幹部を目指すのも悪くはない。そんな思いが頭の隅によぎったりもした。ところがそんな生活が半年も続くと、ボクシングの虫が疼きはじめる。

「やっぱりボクシングが好きなんですね。自衛隊にいれば給料も安定しているし、ボーナスもも

らえましたけど、そういうものよりもボクシングをやりたいっていう思いが強かったですね。自分で納得してボクシングを辞めたわけではなかったから『まだまだできるでしょっ！』っていう気持ちもあったし、プロで自分の可能性を試してみたいっていう気持ちもありました」

２００２年８月、久手堅は自衛隊を退職するとすぐに東京に向かった。当初、沖縄のジムからデビューすることも考えたが、東京行きを強く勧めたのは金城だった。

プロボクシングは大手ジムに所属した方が圧倒的にチャンスが多い。金城が東京を勧めたのにはそういう理由がある。そして東京に行けば、プロボクサーとしてやっていけるのか白黒はっきりつけられるはずだ。そういう思いもあったかもしれない。

久手堅は所属先にワタナベボクシングジムを選んだ。ＪＲ五反田駅からほど近いジムは、ビルの３フロアに練習場を持つ、東京でも大手のジムだ。これまでに数多くの日本チャンピオン、東洋太平洋チャンピオンを輩出し、２０１０年には内山高志がＷＢＡ世界スーパーフェザー級の世界チャンピオンの座を獲得。ワタナベボクシングジム創設以来の初めての世界王者が誕生している。

ワタナベボクシングジムに入ることを決めるまで、久手堅は都内のジムを10カ所以上も見て回った。自分にあったジムを見つけるためだ。ジムを選ぶに当たって、どうしてもはずせない条件がひとつあった。それは沖縄の選手がいないこと。知り合いがいるとどうしても甘えがでる。

甘えないためにも、ボクシングに打ち込むためにも、とにかくひとりでやりたい。それは覚悟の現れだった。

部屋はジムが用意してくれた。五反田の駅から徒歩15分ほどのところにある古びたアパート。家賃は4万5千円、4畳半トイレ共同。

「普通のマンションを想像してたんですよ。そうしたらいまだにこんなアパートが東京にあったのかっていうくらいオンボロで、古い井戸もあったんですよ。越してきてすぐホームシックになりそうでしたよ。かばんひとつで東京に来たんで布団もなくて。10万円しか持ってこなかったのにアパートにいるのが嫌で、外で飲み食いしてたらあっというまに3万円ぐらいになっちゃって、すぐにアルバイトを探しました」

アルバイト情報誌で見つけた仕事は、五反田駅前のイタリアンレストラン。高校時代はボクシングに明け暮れ、金城監督の下での合宿所暮らしだった久手堅にアルバイトの経験は一度もない。ましてや接客業など全くの未知の世界だった。

お客への水の出し方が悪いと言っては怒られ、挨拶の仕方がなっていないとこっぴどく年下のウェイトレスから怒られる。注文を取り間違えては厨房から怒鳴られ、反発してさらに怒られる。東京でのスタートは想像していた以上に気苦労の絶えない毎日だった。

翌年4月、スーパーバンタム級のプロボクサーとしてリングに上る。スーパーバンタム級のリミットは約55・34キロ。高校時代のライトウェルター級と比べれば10キロほど軽いものの、久手堅の体格を考えれば適正とは言い難い。それでもスーパーバンタム級で戦うことを選んだのは、高校時代に自分より大きな相手を倒すことの快感が忘れられなくてのことだった。

ジムでは当初6回戦でのデビューを考えていたが、実戦から遠ざかっていたため4回戦を何度か経験したいという久手堅の希望で4回戦からのスタートとなった。

「もう絶対に楽勝で勝てるだろうと、そういう気持ちしかなかったですね。高校の頃にOBでプロの世界ランカーの人とスパーリングをしたことがあって、そのときあまり大したことないなと思ったんですよ。バカですよね、いまになって思えばトップのプロボクサーが高校生を相手に本気でやるわけがないのに。そんなこともあって本当に甘い考えを持ってたんです。

デビュー戦の相手はまだ1試合しかやってないし、これは大したことないだろうと思ってました。本当になめてました。対戦してみて強いとは思わなかったんですが、それなのに勝てなかったんです。引き分けてしまって。

その3ヶ月後の試合では途中まで勝っていたのに油断して逆転負け。3ラウンドの終盤に倒されたんです。それまでアマチュアでも一度もダウンしたことがなかったのに、初めて倒されたんです。それでプロの怖さやきびしさをものすごく思い知らされました」

プロ初勝利を挙げたのは2008年も押し詰まった12月のなかば。プロ3戦目にしてようやく勝利を掴んだ。この頃久手堅はイタリアンレストランから沖縄料理店へと仕事を替えている。

アパートから5分ほどのところにオープンしたその店へは、沖縄の味が恋しくなると時折顔を出していた。だが所詮アルバイトの身では金銭的余裕があるはずもなく、そうそう頻繁に通うことも出来ない。アパートの部屋でポークの缶詰を食べることもあった。そんな久手堅の窮状を見かねてか、沖縄料理店のオーナーが声を掛けてくれた。

「ウチで働いてみない？」

夕方に仕事を終えてジムで練習する生活から、ジムで練習して深夜まで沖縄料理店で働く生活に変わった。店では厨房に入りチャンプルーやそばなど、調理を担当。それまでほとんど料理などしたことのなかった久手堅だが、やはり血は争えない、短期間で料理の腕を上達させた。ここでの体験が久手堅の進む道に後々影響を与えることになる。

余力を残さずに練習し、くたくたになった体でアパートに戻り、敷きっぱなしの布団に倒れ込んで眠る。ボクサーとして成長するには悪くない環境だったのかもしれない。そんな生活と引き替えに沖縄料理屋で働くことを選んだのは、沖縄への里心に他ならない。そして案に違わず、仕事のことを考えると余力を残しての練習となり、やがては自衛隊にいた頃と同じように、手を抜いた練習が当たり前になっていった。

手を抜けばそれに見合った結果が当たり前のように提示される。いくら後悔しても結果は変わらない。後悔先に立たずだ。もうこれっきり、心を入れ替えてがんばろうと思っても、でものどもと過ぎればなんとやらで、わかっちゃいるけどやめられず、ついつい楽な方へと流されてしまうのは僕だけではないはずだ。そして久手堅も。

1勝1敗1分で迎えたプロ4戦目、プロ・アマ通じて初めてKO負けを喫する。さらに試合中のパンチで目を負傷し、1年間のブランクを余儀なくされる。

「負けました。逆転で倒されて。ようやっとこれじゃあ本当にマズイなぁと思ったんですよね。途中まで勝ってた相手に負けちゃったんですよ。どうしても楽な方へ楽な方へ流されちゃう性格で。甘かったんですよ。ボクシング中心の生活に変えないといけないっていうことを考えるようになって。夕方のジムでの練習から翌朝のロードワークまでボクシング中心で。

負けたとき、マズイとは思ったんですけどボクシングを辞めようとは思わなかったです。でも、何回負けたら辞めるって決めておかないと、ズルズル続けちゃいそうなんで僕は3回負けたら辞めるって決めたんです。ボクシングは好きなんですけど、プロ選手としてひとつのけじめを。東京に出てきて、ボクシングだけじゃなくやりたいこともみつけたんで」

3回負けたら辞めるということは、あと1敗で引退ということになる。それは追いつめられた末の決意だった。ボクシング中心の生活に改めるため、昼間の仕事に変えた。アルバイト情報誌で見つけたのはペットの葬儀社。遺体を焼却する設備を備えたワンボックスカーで依頼主宅に出向き、その場で葬儀をとりおこなうというちょっと変わったものだったが、勤め先の理解もありボクシング中心の生活時間を与えてもらっていた。

朝5時に起床して、6時から1時間半ほどロードワーク。その後仕事に行って午後6時過ぎからジムでしっかりと汗を流す。「ボクサーらしい生活」を送っていた。そして高校時代の教え、「自分に負けるな」「ナイチャーに負けるな」という気持ちをもう一度思い出そうとしていた。さらに「欲」も出てきた。

「とりあえずタイトルが欲しい。高校時代を含めてタイトルを取ったことがないですし、自分がどこまで出来るか楽しみです。ジムも期待してくれているのに結果を残せてないし、やっぱりタイトルっていう形が欲しいですね」

怪我からの復帰戦が2ヶ月後に迫っていた。

JR山手線、五反田駅に降りるとホームからワタナベボクシングジムが見える。大きな窓からは練習の様子もうかがえる。試合まで2週間を切っていた久手堅の練習を見学するためジムを訪ねた。久手堅は3階にある大きな鏡の前でシャドーボクシングの最中だった。トレーニングウェアーの上から薄手のアウターを着込み、汗をしたたらせながら仮想の相手にパンチを繰り出している。どのパンチも動きはスムーズだ。

シャドーボクシングを終えるとグローブとヘッドギアを着けてリングに上がる。ジムの練習生を相手にスパーリングが始まった。相手は久手堅よりも頭ひとつぶんほど背が高い。左のジャブを突きながら鋭く踏み込んで相手の懐に飛び込む。その動きを何度も繰り返している。

だが、練習の疲れもピークにあるのだろう。スピードがなく飛び込むタイミングを見極められ、逆にカウンターを何発ももらってしまう。

「やりたいことはわかるんだけどねぇ」

リングサイドで腕を組んでスパーリングを見つめるトレーナーが左右に首を振りながらがつぶやいた。

「そんな中途半端な踏み込みじゃカウンターもらうだけだぞ！　ワン、ツー、スリー、フォー、牽制してから右でガードして飛び込む！」

久手堅に指示が飛ぶ。うなずいてそれに応えようとするもののやはりスピードがない。カウンターを喰らう。トレーナーが口をへの字にして首を振る。

試合前の1週間から2週間、いつにも増してハードな練習と減量でボクサーの疲労はこの時期ピークを迎えている。ここから徐々に練習量を減らし、試合当日にあわせて体力の回復と万全の体調を整えていく。疲れが抜けたとき、久手堅のスピードがいまの状態よりどれだけ上がっているのかが勝負の分かれ目になるのかもしれない。

２００５年３月25日、後楽園ホール。久手堅の試合はこの日の６試合目となる６回戦。対戦相手は横枕啓治（フラッシュ赤羽ジム）。これまでに７戦して４勝２敗１分。勝った試合はすべてＫＯ勝ちという成績を残している。両者が並ぶと久手堅よりもかなり背が高い。

厳しい試合になることは予想がついた。背が高いということは、それだけ腕の長さも久手堅に勝るということになる。ということは、久手堅のパンチが届かない距離でも相手のパンチは届く。勝負はいかに相手のパンチをかいくぐって自分の距離に持ち込めるか、ジムで繰り返し練習していた相手の懐に飛び込んでの攻撃にかかっていた。

ゴングが鳴る。青コーナーから久手堅がゆっくりと横枕に詰め寄っていく。両腕でがっちりガードを堅め、じわりじわりと距離を詰める。横枕のジャブがガードの上から久手堅を叩く。さらに重心を低くして体を左右に揺すっていた久手堅が見計らって懐に飛び込もうとしたそのとき、カウンター気味に横枕のストレートが久手堅を捉えた。

出会い頭にパンチをもらった久手堅はバランスを崩してよろよろと2、3歩後退。ヒヤリとするが、それほどのダメージではなさそうだ。すぐに態勢を立て直して再び横枕に向かっていく。

重心を低くして何度も相手の懐に飛び込もうとするが、そのたびにカウンター気味のパンチが久手堅の顔を捉える。それでも唯一の策とでも言うように、打たれても打たれても飛び込んでいく。何発ものパンチを受けた顔は赤く腫れ、まぶたは切れて出血もしていた。

結局最後まで同じような展開のまま勝敗は判定に持ち越され、3-0の判定でレフェリーが横枕の腕を掲げた。

「これでボクシングは卒業です」

リングを降りたばかりの久手堅は息も荒く、顔は腫れあがってはいたが、負けた悔しさよりもどこかすっきりした表情をしていた。17歳でボクシングを始めて8年。久手堅はこの日を限りにグローブを置いた。

ボクシングを卒業して、東京で見つけたボクシング以外にやりたいこと。それは料理人の世界だった。やはり血は争えない。子供の頃、父親の仕事の都合で何度も転校を繰り返したことから、料理人はもっとも嫌いな職業のはずだった。それが東京に出て飲食業界で働くうち、嫌っていたはずの料理の世界に興味を抱くようになっていたのだ。

試合から2ヶ月後、久しぶりに帰郷するという久手堅と一緒に沖縄に向かったのは、天気予報が沖縄の梅雨入りを告げた5月2日だった。ゴールデンウィークのまっただなかで、羽田からの飛行機は最終便だというのに満席だった。

那覇空港まで迎えに来てくれたご両親との挨拶もそこそこにクルマに乗り込み、目の前に海が広がる知念村の実家に到着したときには、午後11時をまわっていた。荷物を置く間もなく、酒盛りが始まる。

「ボクシングを辞めてくれて本当にほっとしたわ」

と満面笑みのお母さん。

「大悟は殴られるのと相手を殴るのどっちが痛い？」

「うーん、どっちも痛い」

「だろうな、大悟の性格はプロに向いてないと思うよ。ボクシング以外にやりたいことがなく、でも辞めざるを得ないとなるとズルズル落ちていきそうだけど、大悟はやりたいことを見つけたんだからボクシングを辞めて正解なんじゃないかな」

高校時代、宮崎から沖縄に戻り、ボクシングを始めていちばん喜んだのは父親だったと聞いた。試合があると聞けばどんなに遠くても会場まで駆けつけ、すべての試合を熱心にビデオを撮ってくれたという。

そんな父親とは逆に母親はボクシングをすることに猛反対で、特に東京に出てプロになると決

story is an unbelievable
story of a certain man.
中華飯
学割

めてからは目の届かないこともあり、1日も早く辞めてくれることを望んでいた。

開け放した居間の窓からときおり涼しい風が入ってくる。雲間に隠れて月はなく外は真っ暗でなにも見えない。波音を聞こうと耳を澄ましたが、ヤモリの鳴き声が聞こえてくるだけで波の音は聞こえなかった。

知念にある実家は、久手堅の高校入学後に新築している。将来生まれてくる大悟の子供たちに故郷を作ってやりたいという父親の思いが籠もっていた。そこには仕事の都合で子供たちに転校を繰り返させてしまったことへの償いもあったかもしれない。

久手堅は近い将来知念の実家を改造し、父親とふたりで店を開くという夢を描いていた。そのためにすべきはなにか。グローブを包丁に持ち替えて、久手堅は再び沖縄を離れる。


ボクシングを引退して3年、久手堅は高知の料理店で包丁を握っていた。知り合いのつてを頼って修行の場に選んだのは、高知県の繁華街、はりまや橋の目と鼻の先にある居酒屋だった。居酒屋とはいえ本格的な料理が評判で、県内はもとより観光客も数多く訪れる繁盛店。ここで料理を基礎から叩き込まれた。

「下ごしらえから料理まで、刺身から揚げ物、会席まで。いろんなことをやらせてもらえるんで勉強になります。巻物とか、調味料の割の作り方とかおもしろいですよ。

もうこっちに来て半年になるんですけど、最初の頃は自分でもなんで？　っていうくらい究極のホームシックになりました。恋しくて恋しくて。家族ではなくて、沖縄が恋しくって。16歳で家を出て、宮崎や東京で暮らしてもこんな事はなかったのに、もうシクシクじゃなくて布団を頭からかぶって声を出してワーワー泣きましたよ、28歳にもなって。畑とか山とか海を思い出して、知念の家に帰りたいって。どうしてですかね、確かに仕事はしんどかったですけど。

ボクシングでプロになって結果残せなかったじゃないですか。だからもう逃げられないっていう気持ちがあったからなんとかそこを乗り切りましたけど。ほんとうの僕の性格はすごくちゃらんぽらんで自由気ままで、やらなくちゃいけないこともやらないような。すごく寂しがりだし。でも高校時代に金城監督に出会って何事にも頑張るっていう気持ちを教えられて。それがなかったらもうとっくに沖縄に帰ってましたね」

高知を訪れた折、久手堅に内緒で店を訪ねた。カウンターの隅に陣取って、隠れるように仕事ぶりをこっそり観察していた。

「あんなにやさしそうな顔していて、ほんとにプロボクサーだったの？」

同席していた友人がポツリと漏らした。まさにその通りなのだ。現役の頃より少しぽっちゃりとしたがやさしげな丸っこい顔は変わらない。他人にも、そして自分にもやさしすぎた久手堅は、確かにプロボクサーには向いていなかったのかもしれない。

プロボクサーの選手寿命は短く、引退してからの人生のほうがはるかに長い。久手堅はプロボクサーとしてはぱっとしない成績しか残すことができなかったが、ボクシングから学んだ心は計り知れないほど大きい。久手堅に限らず、真剣にボクシングと向き合ってきた人間は、僕には到底たどり着けないような人間的深みをふとした瞬間に垣間見せる。

それは彼らの年齢やボクシングの成績に関係なく、僕に尊敬の念を抱かせる。いったいボクシングの何が彼らをそうさせるのか、いまもって僕にはわからない。

高知で4年間の修行を積んだ久手堅は沖縄に戻り、ボクシング部の先輩でもある元ストロー級の日本チャンピオン玉城信一の営む居酒屋、「きょうから食堂」で腕をふるった後、2012年6月からはかねてよりの夢だった父親とふたり、知念の自宅で居酒屋の開業に向けて準備中だ。

海のもの、山のもの、地元知念の食材を活かして、地元の人がいつでも集まれるような居酒屋に育てたい、というのが親子ふたりの夢になっている。

池原繁尊

[photo:Takumi Inoue]

このボクシングが出来れば誰にも負けないっていう自信が戻ってきたんで、いますげー楽しいんですよ。

リングに向かう通路の奥で、白いタオルを肩に羽織った小柄なボクサーが、照明に照らされたリングで行われている試合をじっと見つめていた。緊張をほぐそうとしているのか、時折肩や首を揺すっている。並んで立つ長身のトレーナーもやはりリングを見つめながら、左手でボクサーの首筋を揉みほぐしている。ボクサーの目はリングから一瞬たりとも離れない。

２００４年７月14日、この日、後楽園ホールでは東日本新人王の予選、２回戦が行われていた。新人王はトーナメント方式で争われ、初夏に１回戦が始まり、11月に各クラスの東日本、西日本の各新人王が決まる。そして12月、東西の王者が対戦し、全日本新人王が決定する。全日本新人王になると、選手は自動的に日本ランキングの最下位にランクされる。

トーナメントが始まった頃には初心者マークの４回戦を戦っていた選手が、最後まで勝ち進めば１年もしないうちに８回戦、10回戦を戦うランキングボクサーにまで出世してしまう。新人王を獲るということは栄誉はもちろん、上へ行く近道でもあるのだ。

前の試合が終わり、リングに向かって歩き始める。途中で一度立ち止まり、うつむいて大きく息を吐き、それから再び歩き始めた。

ボクサーの名は池原繁尊。２００３年10月にライトフライ級でデビューして、この日がデビュー４戦目。これまでの成績は３戦３勝２ＫＯと、順調に駒を進めてきた。白地に黒のストライプの入ったトランクスの前には「竜攘虎視」、後ろには「稜雲之志」の文字が入っている。

試合開始のゴングが鳴ると同時に勢いよくコーナーを飛び出す。低い姿勢から右左とフック気味のパンチを繰り出し、あっという間に相手をロープ際まで追いつめると、とどめは右フック一発。相手の頭がグラリと揺れると、ロープに寄りかかるような姿勢のままリングに崩れてしまった。レフェリーが頭上で大きく腕を交差させる。開始からわずか20秒のＫＯ勝ちだった。

神奈川県横浜市鶴見区。京浜工業地帯に面したこの街には「リトル・オキナワ」と呼ばれる一画がある。臨海の工業地帯と国道15号線に挟まれた潮田町、仲通、向井町、汐入町といったエリアに、大正時代の終わり頃から、港湾労働などで沖縄からの出稼ぎ労働者が集まりはじめた。そのなかからやがて定住するものがあらわれ、家庭を築き、家族を養い、次第に現在のような街が形づくられたという歴史がある。

「リトル・オキナワ」とはいうものの、期待して訪れる人がいたならば、見事に裏切られる。街を歩いてみるとごくごくありふれた住宅街となんら変わるところはない。ただ、仲通商店街の中程にある「沖鶴マーケット」を中心に、食材やそば、沖縄料理などの店が点在しているというのがこの街の姿だ。「中華街」のように独特な雰囲気のある街並みとは趣が異なる。それでも沖縄の色はこの町で綿々と受け継がれてきた。

街のシンボルともいうべき「沖鶴マーケット」がある3階建ての建物には沖縄県人会鶴見支部があり、日替わりで三線や琉舞の教室が開かれている。また夏にはエイサー、秋には小学校の校庭で、県人会主催の運動会も開催されている。

しかしなによりこの地域で受け継がれてきたのは食文化だ。いまでこそ東京には沖縄料理店が増え、スーパーマーケットでもゴーヤーが当たり前のように売られているが、ほんの数年前まではゴーヤー1本探すのにも苦労したものだ。だが、はるか昔から鶴見ではゴーヤーはもちろん、様々な沖縄の食材が当たり前のように店先に並んでいた。

沖縄に行ったこともない二世三世も少なくないが、そんな彼らですら当たり前のように口にしてきたのは沖縄料理だった。笑い話のようだが、沖縄そばやゴーヤーチャンプルーが日本中どこででも当たり前のように食べられているものだと思っていた中学生もいるほどだから、どれだけ食文化が浸透しているか伺えることだろう。

池原は具志川出身の父と、泡瀬出身の母との間に4人兄弟の末っ子として、1981年12月29日に生まれた。生まれたのは鶴見のとなり、川崎市。川崎市もやはり沖縄出身者が多く暮らす街だ。

「お父さんが『沖縄の子』として育てたかったみたいで、小さい頃はちょくちょく沖縄に連れて行かれてたので、沖縄はごく身近な存在として自分のなかにあります。でも生まれ育ったのはこっちなんで、地元は鶴見、根っこは沖縄っていう感じですかね。いままでは沖縄のことを気にしたこともなかったんですけど、ついここ1、2年ですね、久しぶりに沖縄に行きたいと思ってるんです」

夏休みごとに続いていた沖縄行きは、両親の離婚を機に小学校5年生で途絶えてしまう。母と4人の兄弟は川崎から鶴見に移り、以来『沖縄の子』として育てたいという意志は池原の周囲からなくなり、池原自身、沖縄を意識することなく少年期を過ごした。だが、幼い頃に植え付けられた「思い」は、意外なところで芽を出すものなのかもしれない。

プロボクサーのライセンスを取得するため、日本ボクシングコミッションに提出した書類に、池原は出身地を『沖縄県具志川市』と記した。

深く考えたわけではなかったという。深く考えたわけではないが、『沖縄』という存在はごく当たり前に池原のなかにあったわけだ。それは鶴見という土地柄のせいもあるだろう。そして、『沖縄の子』として育てようとした父親の思いに対する応えだったのかもしれない。

「言葉にしようとすると、あいまいになっちゃって難しいんだけど、両親が沖縄の人間で、その血を受け継いでいるわけじゃないですか、それは誇りに思っています。でも、沖縄の言葉もしゃべれないし、ウチナーグチで話されるとなに言ってるのかわからない。僕には訛りもない。

そう考えるとやっぱり僕はこっちの人間なんです。なんですけど、こっちの人は僕の顔を見て、『沖縄の人でしょ』って言うんですよね。沖縄の人から見たらナイチャーだろうし、こっちの人から見ると沖縄の人だし。自分でも考えるとどっちなのかわからないですね。難しい。

ちょくちょく電話するわけではないんですけど、年齢が近いこともあって、沖縄のいとこたちとは仲がいいんです。沖縄に帰ったとき、いとこたちは僕と話すときは標準語なんだけど、いとこ同士だとウチナーグチじゃないですか。それを聞いてると、ああやっぱり自分は沖縄の人間じゃないなと思うんですよ。いとこたちも僕を内地の人って見てるだろうし。

でもそのとき僕が思ったのは、流れてる血は変わらないわけじゃないですか、ただ僕が住んだのが偶然神奈川だっただけで。だからウチナーグチかウチナーグチじゃないかっていう差だけで、それ以外は一緒だっていう気持ちはあります。だけど実際は、その差がものすごく大きいようにも感じてるんです」

実は小学校の3年生のとき、池原一家は川崎から沖縄に引っ越したことがある。わずか3ヶ月ほどの沖縄暮らしだったが小学校にも通った。なぜ沖縄に戻り、たった3ヶ月で再び神奈川に戻ることになったのか、幼かった池原には知るよしもない。

「もしあのとき沖縄に永住していれば今頃、いとこたちともウチナーグチで会話してたかもしれないですよね。想像すると、そういう自分がいたらちょっとうらやましい気がしますね」

ＪＲ鶴見駅から歩いて約10分、レアールつくの商店街なかほどの古ぼけたビルに横浜光ボクシングジムがある。狭い階段を3階まで上ると、練習生たちの靴が足の踏み場もないほどに並び、階段の途中までが靴置き場となっている。ジムに入ると建物の入り口からは想像できないほど奥行きがあり広々としている。アップテンポの音楽にあわせるように、練習生たちが思い思いの練習で汗を流していた。

横浜光ジムは、ＷＢＡ世界スーパーフェザー級、ＷＢＡ世界ライト級の2階級を制覇したチャンピオン、畑山隆則を育てたことで知られるようになったが、それまではさほど練習生の多いジムではなかった。世界チャンピオンが生まれたことで、より多くの練習生が集まるようになり、そのなかから日本チャンピオンが誕生する。さらに練習生が増えジムは活気づく。そして2001年、畑山に続いて新井田豊がＷＢＡ世界ミニマム級の世界チャンピオンの座を獲得。ジムは新井田豊を筆頭に日本チャンピオンやランキングボクサーを何人も抱えていた。

2003年の冬、池原は横浜光ジムに入門する。東京にある大手ジムへの入門も考えたが、横浜光を選んだのは、家から近いというのがいちばんの理由だった。ジムに入る1ヶ月ほど前には、小学生の頃から吸っていたタバコも辞めた。だが、ジムに入ることは誰にも告げなかった。それは公言しておいて、すぐに辞めてしまったら格好悪いというのがひとつ。そしてもうひとつは、「ボクサーになる」という根本の気持ちが変わってしまうかもしれないという自分自身に対しての不安からだった。

ボクシングジムに通っていることを友人に告げたのは、ジムに通い始めて1ヶ月。なんとかやっていけそうだと確信してからのことだった。

「ボクサーになりたい」。最初に思ったのは小学生の時に見た辰吉丈一郎の世界タイトル戦だった。テレビ中継を見て、すぐにでもボクシングを始めたかったが、「絶対に続かないからやめなさい」という母親の一言でそのときは実現しなかった。それでもボクシングをやりたいという思いは中学生になっても、高校を中退し配管工や鳶《トビ》職の仕事を始めてからも消えることはなかった。

「そんなことは全然ないのに、20歳になってからボクシングを始めるっていうのは、遅すぎると勝手に思いこんでいたんです。辰吉を初めて見たときは、僕もこうなりたいと思ったんですけど、でも実際にジムに入るときは、そういう気持ちとはちょっと違ったんですよね。辰吉みたいにではなくて、後悔したくないっていう気持ちの方が大きかったです。

30過ぎになって『あーあのときに始めていれば…』って後悔するのが嫌だったんで。実際にボクシングをやってみて、やっぱり自分には向いていないとか、いくらやっても勝てなくて挫折し

個人用 グローブ
MEXICO

てやめるっていうほうがずっといい。そっちのほうがあきらめがつくじゃないですか」

プロボクサーほど報われないプロスポーツはない。「プロ」とは名のつくものの、ボクシングだけで生活できるのは、せいぜい世界チャンピオンぐらいのものだ。試合中の怪我はつきものだし、時には命だって落としかねない。長年に渡ってパンチを受け続ければ脳や視覚に障害をきたすことも少なくない。にもかかわらずプロボクサーを目指すのはなぜなのか？

「お金が目的ではないですね。お金ならボクシングじゃないほうが確率高いですから。何でボクシングなのかって聞かれると、自分でもよく考えるんですけど明確な答えはないですね。ボクシングやってると危険だし、大金もらえるわけじゃないし。練習はキツイし、体重も気にしないといけないし、食べたいものも食べられないし。考えてみたらいいことなんてないですよね。

でも、辰吉の試合を見て、格好いいなぁ、ああなりたいなぁと思った人はいっぱいいたと思うんですよ。ただその気持ちがずっと続くかどうかの違いなんですかね？　あのときの衝撃っていうか感覚は今でもはっきり覚えているんで。なんでボクシングをやってるのかっていったら、やっぱり世界チャンピオンになりたいっていうのがいちばんですね」

池原に限らず、プロボクサーを目指しながらチャンピオンを夢見ない者はいない。まずは日本チャンピオンを、そして東洋太平洋、あわよくば世界を！　そんな夢を抱きながらボクシングジムの扉を叩く。だが、夢を叶えられるのは、選ばれたごくわずかの人間にすぎない。それ以外の多くは夢を夢のままにリングを去る。

夢見ることは誰でも出来る。その夢を叶えるため、何ヶ月間かの練習を経て、プロテストに合格し、プロのリングに上がったとしても、数回試合をしただけでボクサーを辞めていく者も少なくない。それは現実を思い知らされ、夢から醒めた者の選択であって、そっちのほうが賢明な判断だともいえる。だから、プロボクサーであり続けるということは、いつまで夢を見続けることが出来るかということでもある。

新人王戦を戦う池原は、その後も順調に勝ち進み、9月には準決勝に当たる3回戦を2ラウンドのＴＫＯ勝ち。11月の東日本新人王の決勝では、相手選手のバッティングで目尻を切るアクシデントはあったが、6ラウンドでのＴＫＯ勝ちを収め、東日本の新人王に輝いた。

プロボクシングは選手の健康を考慮して、2週間を経過しなければ次の試合に出場することはできないと規定されているが、大抵は3ヶ月ほど間隔を開けて試合が組まれることが多い。

だが新人王トーナメントを勝ち進む池原は6月から11月の間に3試合をこなし、さらに12月には東西の新人王同士がグローブを交える全日本新人王決定戦が待ちかまえていた。

「普段は3ヶ月前に試合が決まってそれから体を造っていくところを、1ヶ月ごとに試合があって、体もきついんですけど、精神的にもきつかったです。でも、それもあと10日の辛抱ですから。次に勝つのと勝たないのとでは雲泥の差がありますから、何が何でも勝ちたいですよ。3ヶ月で体造るところを1ヶ月で仕上げるっていうのはきつかったけど、今後のいい経験になったと思います。

こないだの試合、沖縄からお父さんが来てくれたんです。翌日は僕の記事が出ているスポーツ新聞を全種類買ってるんですよ。次の試合も来てくれると思いますけど」

11月の試合の数日後、池原はトレーナーの金昌龍（キム・ヨンチャン）とふたり、決勝で戦うことになる相手の試合を大阪まで偵察に行った。

金の見立てでは、東日本の決勝を戦った相手よりはうまくないが、それでもアマチュアでなかなかの成績を残している選手。相手のペースで試合を運ばれるとどうなるかわからない。それほど難しい相手とは思えないが気を抜かずに行け、というものだった。

だが、幸か不幸か対戦するはずだった相手は西日本の決勝戦で負傷してしまい、全日本の決勝戦は棄権。池原は戦わずして2004年度のライトフライ級全日本新人王に輝いた。プロデビューから1年3ヶ月、池原は日本ライトフライ級の10位にランクされた。

新人王を獲得してランキングボクサーの仲間入りをする。もちろん栄誉なことだし、それなりの実力を持っているという証にもなる。だが、現実は厳しい。例えば相撲で幕尻にいる力士が負け越すと十両に落ちてしまうように、ランキング10位のボクサーも負ければランク外に放逐される。しかも、15日を戦って8番勝てば許される相撲と違い、ボクシングは一発勝負だ。池原と同時に新人王を獲ってランキング入りしたボクサーたちも、そのほとんどは1年もたたないうちにランキングから姿を消していくことになる。

プロデビュー以来、6試合を戦って全勝。そのうち4試合をKO、もしくはTKOで勝利している。池原のボクシングはとてもわかりやすい。細かなテクニックや絶妙のディフェンスを駆使するわけではない。とにかく速攻でボディーを攻めたて、追いつめたら強打でマットに沈める。このスタイルを作り上げたのはトレーナーの金昌龍だった。

プロになって1年3ヶ月。ジムに入門してからでも3年に満たない池原に、細かいことを教えるよりも、まずは長所であるスピードとパンチ力を最大限に活かせるスタイルで戦う。細かいディフェンステクニックなどは追々覚えていけばいい。金はそのように考えていた。

教わる池原も必死だった。まだプロテストを受ける前のこと。来る日も来る日も鏡の前でジャブとストレートの練習を繰り返していた。最初にパンチの打ち方を教えてもらって以来、あとは誰も何も教えてくれない。

「いつになったらボクシングを教えてもらえるんだろう」

不安な気持ちのまま、それでも毎日鏡の前でひたすらパンチの練習を繰り返していた。そして3ヶ月がたった頃、声を掛けてくれたのがトレーナーの金昌龍だった。

「練習、明日から見てやろうか」

片言の日本語を話すトレーナーに見捨てられないよう、必死だった。この人の言うことを全部出来るようになればすごいボクサーになれるはずだ。そう信じて、怒られても怒られても食らいついて離れなかった。

2005年3月5日、東日本新人王の決勝戦以来4ヶ月ぶりとなる池原の試合を見て、ボクシングスタイルが微妙に変化していることに気がついた。

これまでは猪突猛進で左右のパンチを繰り出し、下がる相手をロープ際に追いつめてさらにパンチを加える。攻撃が最大の防御と言わんばかりのスタイルで、防御はいまひとつ。パンチ力のある池原だからこそのスタイルで、倒されたことはないが、いいパンチを入れられてヒヤリとさせられる場面も何度かあった。

この日の池原は、相手の攻撃を防ぎながら的確に攻撃を仕掛けている。ほんの数ヶ月の間に防御のテクニックが格段に進化していた。試合は4ラウンド、TKO勝ち。今までの池原ならもっと早い回にKO勝ちしていてもおかしくはない相手だった。

だが、しっかりと防御して相手に打たせずに打つというスタイルを徹底させてのTKO勝ちは価値のある1勝に思えた。そして客席には応援団と握手して喜ぶ、沖縄から駆けつけた池原の父親の笑顔があった。


5月の初頭、梅雨入りしたばかりの沖縄に僕はいた。知念にある久手堅大悟の実家を訪ねるのが目的だったが、池原の父、繁に会うのも目的のひとつだった。

沖縄市内の喫茶店で待ち合わせた繁は、ひと目でそれとわかった。背は高くないが、池原を一回りほど大きくしてがっしりとした体格。顔を見ればすぐに親子とわかる。特に優しげな目元はそっくりだ。

「お父さんが電話でうれしそうな声で試合のビデオを何百回も見たって喜んでるんですよ」

と池原が話していたが、その様子が容易に想像できた。

「そんなこと言ってましたか。何百回どころじゃないですよ、1日に50回見たこともあるし、今でも1日10回は見てますね。朝起きてすぐ、それから寝る前、出かけるときとか。何度も何度もね。試合を見に行ったのは東日本の新人王の決勝戦ですね。顔を見たのは2年ぶりでしたか。

感激しましたねぇ。あの子は昔から弱音吐いたりも絶対したことのない子でしたね。兄弟のなかでもいちばん静かで、おとなしくて、不思議な存在でした。高校を中退してから、しばらく配管の仕事を一緒にしてたんですが、こっちのやることをじっと見ていて覚えてしまうので、教えることは何もなかったですね。

ウチのチビは、繁尊は、4人兄弟の末っ子でね、あの子だけが沖縄の言葉を理解できないんです。でもね、見ていて思うのはいちばん沖縄の魂を持っているのはチビですね。そういう子だから本当は沖縄で育てたいという思いがあったんです。

昭和62年頃だったかな、家族で沖縄に戻って沖縄で暮らそうとこっちに来たことがあるんですよ。ところがいかんせん僕のやる仕事がなくてですね。向こうと沖縄とでは賃金の格差もありますよね。今まで経営者だったのがポンと帰ってきてコネもないし。いろいろやってはみたんですけどこれは難しいと。じゃあもう一度川崎に戻ろうと。

川崎に戻った以上は向こうで一生暮らそうと、そういう覚悟でしたね。でもいろんなことがあって、いろんな波に流されて、夫婦別れになってね、今になってるんですけどね。でも子はかすがいでね、彼らとはいつもコンタクト取ってるんです。

でもね、人間はいつまでも無敗ではいられないのでね、でもなるべくそれをしないように努力して欲しいですよ。次の試合も行くつもりなんですけど、でも僕が行くことでプレッシャーにならなければいいけど。そーっと行って、そっと見て、そっと帰る。そのほうがいいのかもしれないですね、本当は」

かわいくって堪らない。表情にはそんな気持ちがにじみ出ていた。だが、ボクシングは安全な競技ではない。大袈裟ではなく命だって失いかねない。息子がボクシングをすることに不安はないのだろうか？

「防御は練習で培っていくものだと思うんです。繁尊の試合のビデオを見ていると、試合のたびにすごく良くなってきてるんですよね。最近は特に。コレはいいなぁと思ってます。だからあとは祈ってるだけですよ。

僕ができることは体を造るサポートだけですよ。沖縄からずっと送っているものがふたつあるんです。ひとつがイラブー。イラブーはアミノ酸の固まりでものすごく体にいいんですよ。それからもうひとつが烏骨鶏。烏骨鶏もアミノ酸の固まりですからね。

こう言っちゃあなんですけど、あの子は沖縄でいう神がかりっていうか、そういうパワーを持っている子だと思います。僕が持っていないものをあの子は持ってますね。親バカみたいで人前で口にしたことは一度もないんですけどね、世界チャンピオンになってほしいですね。いつもいつも前向きに努力する子ですから、目標は言葉にするべきですよ。そうすれば夢は叶うんです」

デビュー以来、着々と勝ち星を積み上げてきた池原は日本ランキングも徐々にあがり、タイトルへの挑戦をジムとしても本気で考え始めていた。だがいかんせん、試合数が少ないとはいえKO率が高すぎた。デビューから２００５年まで、11戦を戦って10勝1分。10勝のうち７勝が、KOもしくはＴＫＯによる勝利で、その確率は実に７割。その結果池原はチャンピオン陣営から敬遠されてしまう。

２００５年以降ひたすらタイトル挑戦を模索するも実現できない。ランキングを落とさないよう、タイやフィリピンから選手を呼んでの試合が５試合ほど続いていた。その一方、いつタイトルマッチが組まれてもいいよう、万全の体勢も整えることにも抜かりがなかった。

そのひとつがメキシコでの合宿だった。標高が高く空気の薄いメキシコシティーのボクシングジムで合宿を繰り返していた。モチベーションを切らさないようにというジムの配慮もあったかもしれない。渡航費とメキシコでの生活費はジムがすべて負担してくれる。どれだけジムが池原に期待しているかが伺える待遇だ。

いつの試合からか、「TEAM IKEHARA」のロゴが入った揃いのＴシャツを着た地元鶴見からの応援団が集まるようになっていた。２００７年８月27日、後楽園ホール。対戦相手は久々の日本人選手、須田拓弥（沼田ジム）。ただし日本ランキングにも入っていない格下の相手ではあったが。勝つのは当然、どのラウンドでＫＯするのかを楽しみにしているような雰囲気で、応援団に緊張の色はなかった。

試合前の晩は沖縄そばを食べる。それはデビュー以来の習慣だった。吸収が良く炭水化物が素早くエネルギーになるという能書きもさることながら、ゲン担ぎの意味のほうが強い。デビュー戦の前日、たまたま沖縄そばを食べて試合に挑んだ結果がＫＯ勝ち。それ以来試合の前日にはソーキを載せた沖縄そばを食べるのが習慣になり、そしていまだ試合に負けたことはない。

「とりあえずそば食っておけば勝てるかなと思ってます」

ゴングが試合開始を告げるといつものように池原が飛び出していく。先に仕掛けたのは池原だった。素早いステップで相手のふところに飛び込むとボディーへの左フックがヒットする。そのままロープぎわまで押し込んで連打を繰り出す。きょうも早い回に決着がつくかもしれない。だがそんな楽観的な空気は試合が進むにつれ雲散霧消してしまう。３ラウンドあたりから、須田のパンチが徐々に池原を捉え始めたのだ。いつもの池原らしくない、不用意にパンチをもらいすぎる。

相手のパンチにイラついている様子で、まるで余裕が感じられない。足を止めての打ち合いは五分五分か、池原のやや優勢に見える。だがラウンドが進むにつれそれも逆転し、池原の顔はパンチを浴びて真っ赤に腫れあがっていく。一発のパンチに破壊力がなくても、細かく当ててくる須田のパンチでダメージは蓄積されていった。

最終ラウンド、ポイントで負けていると判断したのだろう。池原は最初から足を止めての打ち合いに挑んだ。池原の強打がボディーに入ると須田の腰がガクッと落ち、膝も折れそうになる。それでもその体勢からのパンチが池原の顔面を捉える。

須田にしてみればこの試合は千載一遇のチャンスだ。何が何でも勝つんだという気迫が伝わってくる。一発で倒そうと大振りになった池原のパンチの先に須田はいない。いつもはおもしろいように決まる池原のパンチが、この日は空を切るばかりで、時間だけがむなしく過ぎていく。

応援席から沸き上がるような怒号とも悲鳴ともつかないような叫び声に、試合終了を告げるゴングの音もかき消されてしまうほどだった。コーナーに戻った池原は精も根も尽き果てたようにぐったりと座り込む。赤く腫れあがった顔は今にも泣き出しそうに見えた。

レフェリーが採点結果を読み上げる。78−76、76−77、76−77、2−1の判定で池原のデビュー以来の連勝はストップした。タオルで顔を覆い、トレーナーに支えられるようにリングを降りる。応援団に向かってどうにか頭を下げると、抱きかかえられるようにして控え室へと消えていった。タオルの隙間から覗いた目には涙が光っていた。

[photo:Takumi Inoue]

まさかの敗戦を期に池原はライトフライ級からフライ級へと階級を上げた。ライトフライ級のリミットは48・97キロ。それに対しフライ級は50・80キロ。わずか1・83キロの差でしかないが、余分な肉をそぎ落とすようにギリギリまで減量するボクサーにとって、この差は大きい。

デビュー当時は華奢だった体も4年間のうちに筋肉がつきすっかりボクサーらしい体つきに変わり、首などは見違えるほど太くなっていた。それでいて普段の体重は昔とさほどの変化がないのだという。贅肉や脂肪がトレーニングによって絞られ、絞られた分が筋肉に取って代わったということだろう。ということは、減量でそぎ落とす余分な肉がそれだけ少なくなったということにもなる。フライ級への転向はボクサーとして成長した証でもあった。

「そんなに強い選手じゃなかったんで、勝つのを前提に目一杯減量してみて体にどう影響するのかを見極めようって金さんと話していたんです。動きが悪かったりスタミナが切れたり、調子が上がらなかったら階級を上げようって。

でもあの試合はそれ以前に練習不足でした。相手のビデオを見て、いつもみたいにガンガン行かなくても中間距離でも勝てると思っちゃったんですよ。うまいボクシングで勝とうなんていう色気も出ましたね。

試合が始まって1ラウンドで気づきました、これはヤバイって。相手の動きがビデオと全然違って。やっぱ向こうはチャンスじゃないですか。ボクに勝てばランキングに入るわけですから。喰ってやろうっていう気持ちが出てて、殺気が伝わってくるんですよ。こいつ本気だ、練習積んできたなって。

そんときに、あ、俺、勝つための練習してない、ヤバイって。やっぱりタイやフィリピンから呼んでくる選手には、勝ってやろうとか喰ってやろうっていう殺気がないんですよ。そういうのとばっかりやってたんで、気がつかないうちに気が緩んでたなぁと思って。

5ラウンドあたりからスタミナが切れ始めて7ラウンドで完全に切れてました。なんとか立っているだけで。でもあの負けで初心に戻れました」

一方、須田にとってはこの試合が大きなターニングポイントとなった。ランキング入りを果たした須田は、池原が4年間待ち続けても実現しなかった日本タイトルにあっさりと挑戦し、嘉陽宗継とグローブを交えることになる。圧倒的嘉陽有利の前評判のなか、12ラウンドを戦い抜き、きわどい判定で引き分けに持ち込んだことは前述の通りだ。

いっぽう池原はまさかの敗戦後、階級をひとつ上のフライ級に上げ、年が明けて2008年1月に新田ジムの黒田雅之を判定で下すと7月に新たに始まる「最強後楽園」への出場を決める。

日本ランキングに名前を連ねて以来4年、池原はひたすらタイトル挑戦の機会を待ちわびてきた。ところが、待てど暮らせどチャンピオンからのお声はかからない。だが最強後楽園で優勝すれば、チャンピオンは池原の挑戦を受けざるを得ない。「最強後楽園」は池原にとっては願ったり叶ったりの大会だった。

２００８年、フライ級からトーナメント戦にエントリーしたのは池原を含めて４名。７月に１回戦が行われ10月に決勝、そして翌春、日本タイトルを賭けての戦いが行われる。

７月の初戦、池原の相手は中釜兵武（白井・具志堅スポーツジム）。池原は中釜を３Ｒ、ＴＫＯで退けて決勝に駒を進めた。ところが10月、行われる予定だったフライ級の決勝戦は対戦相手の棄権で池原の不戦勝。新人王戦の決勝に続き、またしても戦わずしてフライ級の日本タイトル挑戦権を手に入れた。

プロデビュー以来、全日本新人王がひとつの山だったとしたら、次戦の日本タイトル挑戦はふたつめの山となる。しかもその頂は、新人王の高みよりもはるかに高い。池原のボクサー人生を左右する試合になることは明白だった。

対戦相手のチャンピオンは、清水智信（金子ジム）。アマチュアボクシングの名門、東京農業大学の出身で、アマチュア時代にはオリンピックの強化選手にも選ばれている。

清水最大の武器はフットワークの良さとスピードのあるパンチ。そのスタイルから「スピードスター」の異名を持ち、甘いマスクもあいまって女性ファンの追っかけもいるほど人気を得ていた。もちろん人気だけではない。敗れはしたものの、世界タイトルマッチも２度経験し、世界レベルでもその実力を認められているチャンピオンだった。

池原陣営は清水対策に余念がなかった。上背があり、アウトボクシングを得意とする清水に見立てて、協栄ジムからスーパーフライ級の日本ランカーに来てもらい、スパーリングパートナーを務めてもらっていた。

トレーナーの金が「スーパーフライ級では日本チャンピオンより強い」というボクサーは、後に翁長吾央と暫定チャンピオンの座を賭けて戦うことになる佐藤洋太だった。

ふたりのスパーリングは練習とは思えないほどに白熱していた。頭を振りつつ飛び込んでの左フックが佐藤のボディーをえぐると佐藤が顔をゆがませる。だが佐藤もやられてばかりではない。長いリーチを活かして飛び込んでくる池原をカウンターで迎え撃つ。

「頭を止めるから打たれるんだ、頭を止めるな、動かせ！」

「もうちょっと頑張ればよかったって後悔しないように打て!!」

リングサイドからは金の指示が飛び続けた。6ラウンドのスパーリングを終えると、両者ともシャワーを浴びたように汗がしたたる。そのまま休む間もなく金がミットを持ってリングに上がり、そこからさらに6ラウンドのミット打ち。終えた頃には金も汗だくになっていた。

スパーリングを終えてシャワーを浴び、帰り支度を終えていた佐藤も足を止め、食い入るように池原のミット打ちを見つめていた。

「僕が引っ張ってやらないと。人間はつらいとどうしてもさぼりたくなるから。だから僕が引っ張らないと。あの子をチャンピオンにしてあげたい。勝算がなければやらせないよ。あの子は誰とやっても勝てるよ、言ったことを出せれば。カーッとなって気持ちが先走るとパンチが大振りになるけど、それさえなければ。あの子は本当に頑張ってる。頑張ってる子を見てるとこっちも頑張らないと。ボクシングが好きだから。

いまは目の前にある日本タイトル。それだけを見すえて。技術的にはまだまだ荒削りなところがあるけど、いい具合に来てる。いまは疲れもピークだろうけど、試合のときに後悔しないように。終わったらおいしいお酒飲みに行きましょうね」

なんとか池原をチャンピオンという高みへ引っ張り上げようと奮闘する金トレーナーではあったが、実は腰に持病を抱えていた。これまでに椎間板ヘルニアの手術を2度受けている。それでも腰の痛みは改善されず、次に手術をするならば、ボルトを入れるしかないとまで言われていた。長時間同じ姿勢をとることが困難で、ましてや休みなしで6ラウンド、パンチを受け続けるなど、腰への負担を考えればありえないことだった。

もちろんそのことは池原も理解していた。だからこそ、自分のために頑張ってくれる金のためにも、なんとしてでも手に入れたいタイトルだった。

２００９年４月29日。朝から穏やかな好天で、ラジオの天気予報では絶好の行楽日和だと伝えていた。自宅を出ると、鉢植えのハイビスカスがこの春最初の真っ赤な花を咲かせていた。これはなにかいいことの起こる前触れに違いないと、僕は自分に言い聞かせた。

後楽園ホールに着いたときにはすでに３試合目のフェザー級８回戦の最中だった。池原が用意してくれた席はリングから３列目、青コーナーが目の前で、選手の表情はもちろんのこと、声援の中にあってもセコンドの指示がはっきり聞き取れるほどの近さだった。

日本ランカーとなって５年。ひたすらこの日を待ち続けてきた池原の思いが、もうすぐ目の前のリングで爆発する。そう思うと自分が闘うわけでもないのに心臓がドキドキして顔がほてって熱くなってくる。目の前で行われている試合もどこか上の空だった。

そしてついにこの日のメインイベント、日本フライ級タイトルマッチ。清水智信、池原繁尊両選手の名前がコールされると、応援団から早くも歓声が沸き上がった。

青コーナーの池原が先にリングに登場する。この日のために新調した黒いトランクスには赤い文字で「一意専心」の縫い取りが見える。リングに上がり声援に応えるように右手を上げる。その表情に不安の色はなく、むしろ闘志が溢れ、自信に満ちた顔をしているように感じられた。

続いてチャンピオン清水が登場。後楽園ホールには珍しく、黄色い声の声援が飛び交う。端整な顔立ちのチャンピオンに気負いはなさそうだ。ただ、心なしか顔が青白く見えるのは緊張のせいだろうか。

青コーナーでは試合を前に金トレーナーと池原のいつもの儀式が行われていた。金が手のひらを広げ、右手を大きく振り上げる。そこからゆっくりと手のひらを池原に近づけていく。池原は手の動きに合わせて大きく息を吸い込む。ぎりぎりまで近づいた手のひらが再び離れ始めると、吸い込んだ息をゆっくりと吐いていく。これを何度か繰り返すのが試合前の恒例で、それはまるで金が池原を見えない糸で操っているかのようにも見えた。

1ラウンド開始のゴングが鳴る。試合は池原の右フックから始まった。「スピードスター」のお株を奪う踏み込みで清水の懐に簡単に入り込むと強烈な右フックが清水のボディーを叩く。だがチャンピオンも下がりながら出したストレートで応戦する。追う池原と自分の距離になりきれない清水、そんな構図だった。

残りが1分を切った頃だった、清水のバックステップを追って、再び池原が清水の懐に飛び込む。その瞬間、清水の顔に恐怖とも驚きともとれる表情が浮かんだ。清水としては素早い動きで池原の追いつけない距離まで移動したつもりでいたのだろう。にもかかわらず、自分の目の前に池原の顔がある。池原は至近距離からの右フックで清水の顔面を打ち抜いた。その瞬間、僕は池原の勝利を確信した。

続く2ラウンド。池原はスピードとパワーで清水を圧倒する。だがこの日の池原には、キレのあるスピードが仇となってしまう。開始から57秒のことだった。清水の懐に飛び込んだ池原の頭が当たり、清水は左目の上をカット。出血がひどくレフェリーは試合を中断すると、リングサイドにいるドクターに傷口のチェックを仰いだ。その結果試合続行不可能の判断で試合は突然の幕切れ。2ラウンド57秒、負傷引き分け。

「そりゃないだろうー!!」

思わず椅子から立ち上がって大声で叫んでいた。5年間待ち続けた池原の挑戦はわずか4分弱。不完全燃焼のまま終わりを迎えた。取材者として失格だが、池原がこのときどんな表情を浮かべていたのか、どんな行動をとったのかまるで記憶にない。リングサイドにいた僕は、ただの興奮する応援団のひとりだった。

試合から3日後、チャンピオンベルトを祖母に見せるはずだった池原と沖縄に飛んだ。

「あの瞬間、僕ってつくづく運のない男だと思いましたよ。怒りの持って行き場もないし。シャワーを浴びて着替えて後楽園ホールを出たら、清水君とバッタリ鉢合わせちゃって。気まずいなぁと思ってたら、向こうから『こんなことになっちゃってごめんね』って何度も謝ってくるんですよ。もとはといえば僕のバッティングのせいだったのに」

飛行機の中で池原の話を聞いていた僕は、自分が恥ずかしくなった。恨み言のひとつでも出てきておかしくない結末にもかかわらず、なんということだろうか。たぶん僕が池原の立場にあれば、清水に詰め寄り怒りに燃えた形相で再戦を迫っていたに違いない。

その後の池原に結果を引きずる様子もなく、清水戦以降3試合を戦いいずれもＫＯでの勝利をものにする。なかでも２００９年11月、山口真吾（渡嘉敷ジム）との一戦は格別だった。世界タイトル挑戦2度の経験を持つ世界ランカー山口に対し、池原は3ラウンド、左ボディーを叩き込んでダウンを奪う。さらに立ち上がった山口をさらにコーナーに攻め立て、パンチをまとめるとすかさずレフェリーが両者に割って入って試合をトップ。鮮やかなＴＫＯ勝ちを収めている。この勝利で池原は世界ランク13位、世界ランカーの仲間入りを果たした。

そして２０１０年６月、再び大きなチャンスが巡ってくる。東洋太平洋チャンピオンへの挑戦が決まった。チャンピオンはフィリピンのロッキー・フェンテス。これまで強打を武器にＫＯの山を築いてきた。

強敵をまえに、僕は一抹の不安を感じていた。それは池原の実力を疑うというものではなく、デビュー以来コンビを組んできたトレーナー金晶龍の不在だった。病気がちな母親の面倒を見るため、２００９年10月、金は韓国光州に帰っていた。これを不安視した僕に対し、池原の考えは違うところにあった。

「ひとつのいい機会かなと思いました。これまで教わってきた金さんのスタイルに、また違ったスタイルを加えれば、もっといいボクシングができるんじゃないかと」

試合の1カ月ほど前、池原は千葉県君津市鹿野山にあるジムの合宿所で練習を重ねていた。合宿には新たに池原のトレーナーとなった石井一太郎をはじめ、スパーリングパートナーを務めるジムの若手選手、そして同日に防衛戦を控えた日本フェザー級チャンピオン、李列理が参加していた。

「池原は今が疲れのピークなんじゃないかな。足がまったく動いてない。今度の相手は池原と同じようなタイプなんで、自分から先に仕掛けられればいいんだけど、かみ合わないと後手後手になってきびしい試合になるかもしれないですね」

トレーナーの石井はライト級で日本タイトルと東洋太平洋タイトルを獲得したボクサーで、2009年に引退したばかりだった。池原とは年齢が近いこともあり現役時代から仲が良く、メキシコ合宿も共に行った仲でもある。だから、というわけでもないだろうが、金のように大きな声で叱咤することはない。リングサイドから大きな声で鼓舞する金のスタイルを見慣れた僕には、石井のスタイルが良い悪いではなく、どこか物足りなさを感じていた。

２０１０年６月５日。後楽園ホールではトリプルタイトルマッチが行われようとしていた。横浜光ジム所属のふたりの日本チャンピオン、スーパーフェザー級の三浦隆司、フェザー級の李列理の防衛戦。そして池原の東洋太平洋タイトル挑戦。横浜光ジムの隆盛ぶりを象徴するようなプログラムだった。

先陣を切って行われたのがロッキー・フェンテスと池原の試合だった。池原と同じく２００３年にプロデビューしているロッキー・フェンテスだが、この日までですでに32試合を戦っている。東洋太平洋のタイトルは３月に大久保雅史（青木ジム）を破って手にしたばかりで、これが初めての防衛戦だった。

試合開始のゴングが鳴る。だがこの日の池原は鋭い踏み込みでプレッシャーをかけるいつものスタイルをとらなかった。両者とも足を止め、頭を付け合っての打ち合いになる。池原の強烈なボディーが決まってもチャンピオンは眉毛ひとつ動かさない。逆に1ラウンドの終了間際、チャンピオンの放った右のオーバーハンドからのパンチが池原の顔を捉える。ガクリと膝を落とした池原のダメージが大きい。倒れそうになるところを必死に相手に抱きつき、クリンチで逃げる。かろうじてゴングに救われた。

だが、2ラウンド以降も度々オーバーハンドのパンチをもらい続けた池原はダメージを蓄積させていく。池原もチャンピオンに強打のボディーを時折叩き込むも、勢いを止めることは出来ない。押されっぱなしの状況を打破できないまま、試合は後半戦を迎えた。

そして11ラウンド、立っているのがやっとという池原にチャンピオンが襲いかかりパンチをまとめて浴びせかけた瞬間、池原陣営からタオルが投げ込まれる。これ以上戦わせるのは無理だと判断した石井一太郎の決断だった。

1ラウンド終了間際にもらったパンチがこの試合のすべてだった。そしてあまりにも不用意に同じようなパンチをもらいすぎた。最初にもらった強烈なパンチの影響なのか、この日の池原のボクシングにはまるでスピード感が感じられなかった。清水を追った鋭い踏み込みも、山口を攻め立てた飛び込んでのボディー攻撃も陰を潜めていた。そして池原はこの試合で目を負傷し、約半年、試合のリングから遠ざかった。


2011年2月、久々の試合は、タイ人ボクサーとの8回戦だった。復帰戦ともいえるその一戦を池原はKO勝ちで飾った。再びチャンピオンを目指す戦いが始まるはずだった。

しかし試合から1ヶ月後、未曾有の大災害が日本を襲った。

3月11日、東日本大震災。地震、津波、そして原子力発電所の爆発。天災と人災が相まって、東北地方を中心に日本がどういう状況に陥ったのかは、いまさらここで書くまでもないだろう。

余震も収まらず、原発がどういう状況に陥っているのか信頼に足りる情報もない。テレビで繰り返し流れる東北の惨状を見るにつけ心が揺さぶられた。池原のブログから転載したい。

明後日の4月1日（金）から一週間、宮城県にボランティアに行ってきます。
ボクサーとして一週間練習を休むこと、経済的なこと、
正直、いろいろと悩みましたが行くことにしました。

金なんて帰ってきて稼げばいいだけだし、
一週間、練習を休むことになるけど
今回の活動に参加することは自分にとっても得るものは大きいと思います。

自分に何が出来るかはわかりませんが、
今回の活動に少しでも力になれればと思います。

（「池原繁尊　ボクシング世界王者への軌跡」２０１１年3月31日より抜粋）

池原が参加したボランティアグループが向かった先は宮城県石巻市。中心市街地のほぼ全域が

浸水した石巻では、死者３０１４名、行方不明者２７７０名（２０１２年5月20日現在）を数え、被災地の中でもとりわけ被害が甚大だった。石巻専修大学のキャンパスに張ったテントを拠点に1週間、度重なる余震と津波への恐怖のなか、商店街の建物に流れ込んだヘドロの撤去などに携わった。

「津波で家の中の家具なんかもグチャグチャになっちゃってて、まずはそれを建物の外に運び出して、それから泥を出していくんです。首都圏からだけじゃなく、沖縄やアメリカから参加してる人もいましたね。

２度目は陸前高田に行ったんですけど、陸前高田ではあまり作業ができなかったんです。排水溝の瓦礫出しとか田畑に流れ込んだ岩を運ぶとか、重機がないと人の手だけではどうにもならない状況で。なんとかしたいっていう気持ちで行ったんですけど、どれだけのことが出来たのかわからないですね。でも、行けるのに行かなかったよりはいいんじゃないかと思ってますけど」

結局２０１１年、池原はわずか2試合、それもタイ人ボクサーを相手にすることしか出来なかった。それでもなんとか日本ランキング１位の座をキープ。指名試合での日本タイトル挑戦に備えていた。

だが日本チャンピオン、五十嵐俊幸（帝拳ボクシングジム）は世界タイトル挑戦のため、日本タイトルを返上。空位になった日本チャンピオンの座は、世界ランク14位、粉川拓弥（宮田ジム）

と池原の間で２０１２年１月に争われることになった。

２０１１年11月。池原は韓国から１本の電話を受ける。かつてのトレーナー金昌龍からだった。金は韓国に戻った後、光州ジュエルボクシングジムを開いている。だが韓国ではプロボクシングの人気が低迷し、１５０人ほどいる練習生は全員ダイエットや運動不足解消が目的で、プロ選手はひとりもいない。長らくプロの世界で生きてきた金にとって腕をふるえないその状況は歯がゆいものだった。そんな折池原のタイトルマッチを聞きつけ、よかったら韓国まで練習に来ないかと声をかけてくれたのだ。

だが池原はこの誘いを断った。金がいなくてもやっていける姿を見せて安心させたいという気持ちがひとつ。そしてもうひとつは金のスタイルから抜け出して、自分のスタイルでも戦えることを証明したいという思いも強かった。

１月26日。昨日降り積もった雪が残り、冷気がからだに染みる後楽園でタイトルマッチの火蓋が切られた。粉川は元世界チャンピオン内藤大助と同じ宮田ジムの所属で、内藤引退後は「内藤2世」と呼ばれるジム期待の星だった。かつて池原が戦った清水智信と同じく東京農大の出身で、清水の2年後輩。それほどパンチ力はないものの手数が多く、ポイントを奪いに来るいやらしいタイプのボクサーだ。

だが清水のようなスピードがあるわけではない。池原のスピードを持ってすればそれほどやりにくい相手ではないだろう。そう踏んでいた。

ところがふたを開けてみると試合は予想とは全く違う展開を見せる。粉川はとにかく手を出し続ける。下がりながらでも避けながらでもとにかく手を休めない。それに対して池原にはまるでスピードがない。ただ亀のように両腕のガードを上げての防戦一方で手数も少ない。自分から仕掛けることもない。

1ラウンドから打たれ続け、中盤には早くも顔が真っ赤になっていた。なにをしているんだろう？　まるで勢いがなく池原らしさが感じられない。鋭い踏み込みも、キレのあるボディも、何人ものボクサーをマットに沈めてきたフックも、すべてが陰を潜めてまるで別人のような戦いぶりだった。

プロでデビューして9年。池原も30歳になっている。体力の衰えだろうか。そう勘ぐってしまうような内容だった。最終10ラウンドまで戦って勝負の行方は判定に…聞くまでもなかった。96－95がふたり、96－94がひとり。思ったほどにポイント差は開かなかったが、3－0の判定で粉川の腕が上げられた。

ところが戦い終えた池原は、これまでに見たこともない行動をとる。腕を大きく広げて自陣のコーナーに戻ると、トレーナーの石井に抱きついた。大きく口を開いて顔には笑みさえ浮かべている。まるでなにかを成し遂げたかのように。

そしてハッとした。池原の行動はすべてを出し尽くした者の満足感、達成感なのではないかと。だとしたら、これが池原のラストファイトだったのかもしれないと気付いたのだ。

ボクサーがグローブを置く決心をするとき、尊重されるべきは本人の意志だ。「もっと出来るよ」「次やれば勝てるよ」。どれだけまわりが思いとどまるよう説得したとしても、最終的な答えは本人にしか出せない。池原が現役を続けるにしても、引退するにしても、すぐに答えは出ないだろう。しばらくは連絡をとることなく、黙って動向を見守るつもりでいた。

試合から2ヶ月ほどたった4月4日。嘉陽宗嗣の試合を観戦するために訪れていた後楽園ホールで横浜光ジムのトレーナー石井の姿を見つけ、気になっていた池原の様子を尋ねてみた。石井によると池原はやはり引退を考えていた様子だったが、3月から練習を開始し「最強後楽園」の出場を考えているとのことだった。

だが手放しで喜ぶことは出来なかった。なにより気になるのはすっかり陰を潜めてしまった池原のスピードだ。先手先手でプレッシャーをかけ、頭を揺らしながらの鋭い踏み込みで仕掛けるボディへの攻撃。勢いのあるかつてのボクシングスタイル取り戻せないのであれば、何度やっても結果は見えている。池原がどう考えているのかを聞きたくて、久しぶりに顔を合わせたの4月も終わりに近づいた頃だった。

「こないだの試合前から考えていたんですけど、これが最後のチャンスだと思ってました。3度目のタイトル挑戦だし、30歳になったし。試合直後は辞める気持ちのほうが強かったです。

2月の中旬に金さんが電話くれて、韓国に来ないかって言ってくれたんです。でも辞めようと思ってるっていう話をしたら、『その前に1回来い!!　このまま辞めたら俺は泣くよ、そんなこと言ったら俺が悲しむよ。とにかく来い!!』って。

金さんのところで粉川戦のビデオを一緒に見てたら『すごく変わってる。良くない方向に変わってる。なんの特徴もない平凡な選手になっちゃった。もしこのままだったら復帰しても変わらないよ』って言われたんです。でもそう言われて自分のなかでいちばんしっくりきたんです。この前試合が終わったとき、あれ俺ってこんなもんだっけって感じて。相手が強いとは思えないのに自分が思い描いたことがなにもできない。追えないし、ただパンチを振り回すだけで。

金さんは僕がこうなっちゃったことにすごく責任を感じているらしくて。自分がちゃんと見てればこんな結果にならなかったのにっていう。韓国に帰るときも『大丈夫か？　大丈夫か？　俺がいなくなっても大丈夫か？　やっていけるか？』って何度も聞かれたんですよ。それなのにこのありさまで。そうしたら金さんが『お前がこういうふうになっちゃったのは俺の責任でもあるんだよ』。それを聞いてもう泣きそうになりました。やっぱりトレーナーの存在って大きいんだなって改めて思いましたよ」

金さんの言葉にも背中を押され、池原は現役続行を決意する。そして4月、金さんの自宅に身を寄せトレーニングに励んだ。約3年ぶりのコンビ復活だった。金さんと離れて以来、いつしか自分に甘くなっていた池原は、トレーニング初日から悲鳴を上げる。粉川戦以降練習らしい練習をしていなかったとはいえ現役のプロボクサーがまさかの筋肉痛に泣いた。だが「毎日憂鬱になるくらい」きつい練習を重ねた結果、池原は徐々に昔の感覚を取り戻しつつあった。

4月のトレーニングを終えて帰国した池原はトレーナーの石井に、ボクシングを金スタイルに戻すことを告げ、さらに金さんの元にたびたび通って練習したい旨を告げ許可を得た。

「金さんのところで練習して昔のような根拠のない自信がわいてきたんです。このボクシングができれば誰にも負けないみたいな。

金さんと離れていたあいだ、自分のなかに新しいものを取り入れて、強いだけじゃなくてうまいボクシングを身につけたいと思ってやっていたんです。そうしたらいつのまにかそっちがメインになって、自分のスタイルをすっかり見失っていました。

金さんは、池原にどういうボクシングをさせれば勝てて、どうすれば負けるっていうのがはっきりわかっているんですよね、僕以上に。今回練習してみて、昔はわからなかったんだけど、金さんの言ってることがわかってきたんです。このスタイルで行けば相手は絶対嫌になる。このスタイルならロッキー・フェンテスにも粉川にも勝てるっていう自信を取り戻したんです。このボクシングが出来れば誰にも負けないっていう自信が戻ってきたんで、いますげー楽しいんですよ」

そんな池原に、思ってもみなかった試合のオファーが届いたのは5月の末のことだった。WBC世界フライ級シルバーチャンピオン、エドガル・ソーサとメキシコでのタイトルマッチ。エドガル・ソーサは２００７年から２００９年にかけて、WBC世界ライトフライ級ののタイトルを10度防衛した元世界チャンピオンで、タイトルを失った後に階級をフライに上げ、２０１０年にシルバータイトルを獲得している。

耳慣れないシルバータイトルとは、WBCが設けた暫定チャンピオンの代わりともいうべきもので、階級が細分化されてただでさえ世界チャンピオンの数が多いなか、その価値は疑問視されてはいる。だがタイトルの価値うんぬんではなく、池原が敵地メキシコに乗り込み、世界的にも名のある選手と拳を合わせて勝つことができれば、それは世界タイトルが一気に手の届くところまで近づくということを意味しているのだ。

１月に日本タイトルを賭けた試合に敗れ、引退も考えた池原にとって、この試合は再起戦でもある。本来なら勝てそうな相手を選ぶのが再起戦の常。ジムとしては10月に始まる最強後楽園に備え、適当な相手との再起戦を予定し内定もしていたという。だがオファーが来てその対戦を誰より強く望んだのは池原本人だった。

6月、池原は再び韓国に渡る。打倒エドガル・ソーサのため、金昌龍のもとで3週間の濃密な合宿を行った。弱い相手に勝つよりも、本当に強い相手と闘って勝ちたい。エドガル・ソーサとの対戦を望んだのはその一心だった。

7月28日。エドガル・ソーサと池原の試合は日本時間で正午、首都メキシコシティーから北東に約300キロ、世界遺産都市として知られるグアナファト州のレオンという町で行われた。インターネット中継があると聞き、昼前からパソコンと格闘したが見つけられず、午後4時、試合結果は池原のブログで知ることになる。

9ラウンド、レフェリーストップによる敗戦。同時にアップされた写真には両目が塞がるほどに腫れあがった痛々しい池原が写っていた。心身共に痛い負けであることは確かだ。だが、「最強後楽園」出場が決まっている池原に落ち込んでいる時間はない。

「最強後楽園」を勝ち上り、2013年の春、日本タイトルにみたび挑む。そして今度こそチャンピオンベルトを持って沖縄へ行く。そんな筋書きをたてている。

名護明彦

たぶん僕はこの先、ピークを作って完全燃焼したいのかもしれないです。それはたとえばタイトルマッチじゃなくてもいいんです。自分の持っているものを全部を出し切れたと実感できれば。

2003年12月18日。後楽園ホール。試合開始のゴングが鳴ると、両者はリングの中央で軽くグローヴを合わせ、そのまま時計回りに動きながらお互いに相手の動きを探るように、時折軽く牽制のパンチを繰り出していた。そのまま打ち合うこともなく静かに1分近くが過ぎた頃、勝負は一瞬だった。

相手との距離を測り切った名護明彦の右フックがあごに入ると、そのまま膝からマットに崩れ落ちた。よつんばいになり、イヤイヤをするように足をバタつかせ、起きあがろうともがいていたが、レフェリーは両手を何度も大きく交差させ、試合をストップさせた。1ラウンド1分12秒。たった一発のパンチだった。

あまりにあっけない幕切れに、後楽園ホールは一瞬静まりかえり、そして凄まじい形相で右の拳を何度も突き上げる名護を確認すると、再び大きな歓声に包まれた。敗れた選手は自力で立ち上がることができず、肩を抱えられてリングを降りていった。

試合後、控え室に戻った名護を数人の取材者が取り囲み、インタビューが行われていた。笑顔で応える名護に沖縄のテレビ局の記者が発した言葉が印象的だった。

「名護君は勝ち続けないといけないね。負けたら『そら見たことか』と言われるのは目に見えているから。でもその道を選んだのは自分自身なんだから。もう一度ベルトを巻いた姿を期待してるよ」

試合の2週間ほど前、名護は世田谷区の砧にあるオオクラボクシングジムでスパーリングをしていた。試合を間近に控えたスパーリングでは対戦相手を想定し、同程度の力量を持った選手を相手にするのが常だ。ところが、名護のスパーリングパートナーを務めていたのは、素人目にも格下の4回戦、6回戦を戦う若手選手だった。

ロープを背にして両腕のガードを上げ、相手にわざとパンチを打たせ、それをよけながらカウンターを狙う。そんな練習を繰り返していた。

スパーリングが始まって3ラウンドもすると相手選手は息が上がり、口を開いて苦しそうな表情を見せ始めた。4ラウンドを終えてスパーリングパートナーが変わったが、やはりまるで相手にならない。名護のパンチを怖がって前に踏み込んでこない。その様子を見ていたジムのトレーナーがぽつりと漏らした。

「名護君も物足りないだろうねぇ」

名護明彦はオオクラボクシングジム所属のボクサーではない。書類の上では全日本パブリックジムの所属だが、実質的にはスタンレーイトウジムに所属している。だがスタンレーイトウジムには名護以外に所属ボクサーはいない。さらにスタンレーイトウジムは、日本プロボクシング協会から正式なボクシングジムと認証されていないという複雑な状況にあった。

日本国内でプロボクサーとしてリングに上がるには、日本プロボクシング協会が公認したジムに所属していることが大前提となる。どれほどの実力があったとしても、所属ジムがなければ4回戦を戦うことすら出来ないのだ。そのため名護はリングに上がるときには全日本パブリックジム所属という形で試合に挑んでいる。こんな宙ぶらりんな状態は2002年の春から続いていた。

1995年、興南高校を卒業した名護は、18歳で上京。同年9月に白井・具志堅スポーツジムからデビュー。高校時代のインターハイ優勝、国体チャンピオンという勲章はプロに入っても曇ることなく順調に白星を重ね、デビューから3年目の1998年、無敗のまま11戦目で日本スーパーフライ級のチャンピオン、松倉義明（宮田ジム）に挑み、9ラウンドKO勝ちで王座を射止めた。

だがボクサー名護にとって、この時期がピークだった。プロボクサーになるために、世界チャンピオンになるために、沖縄から単身上京してからの新しい環境は、必ずしも居心地のいいものではなかった。

それでも端から見れば、名護の待遇は破格だった。上京と同時に株式会社アートネイチャーに正社員として就職。それは当時アートネイチャーが白井・具志堅スポーツジムとスポンサー契約を結んでいたためではあるが、どれほど名護が期待されていたのかを物語ってもいる。

9時から17時までをサラリーマンとして働き、夕方からボクシングのトレーニング。ファイトマネー以外にも安定した収入を約束された名護は、周囲の期待を裏切ることなく連勝街道を進んでいく。だがそんななかにあって、名護は心の中に次第に澱のようなものが溜まっていくのを感じていた。

「日本タイトルを獲ったあたりから、上に行きたい、世界タイトルを獲りたいっていう欲が徐々に薄れてきたんです。それは悩まなくてもいいことを悩んでいたっていうのがあるんですけど。ボクシングがつまらなくなったわけではなかったんですけど、ただ、人を殴って蹴落としてまで上に行きたいのかとか。勝者がいれば敗者がいて、勝負の世界だからそれは仕方がないんですけど、人の不幸の上に成り立っている自分の幸せとか、そういうことから始まって、自分にとってじゃあボクシングってなんだろうとか考えてしまったんです」

プロボクサーが相手を殴ることに疑問を抱いてしまうとは、かなりの重症だ。だが周囲に名護の心中を察する者はなく、快進撃を続ける名護に期待は高まる一方だった。

「世界を獲ったら自分の世界が変わるよ」

ジム関係者のそんな言葉にも心の中で激しく噛みついた。自分は自分であってたとえ世界チャンピオンになっても絶対に変わらない、と。そんな反発は次第にふくらみ、それはやがて周囲への不信感にまで発展する。

「選手が知らなくてもいい部分、例えばファイトマネーがいくらでどう振り分けられて、自分にはこれくらい入ってくるとか。ボクシングジムの矛盾とか嘘を、年齢的に早く知りすぎたっていうこともあると思います。

いろんなことを知ってしまったおかげで、トレーナーや会長、ジムのスタッフのためにも頑張ろうっていう気持ちが、全く持てなくなってしまったんです」

それでも日本タイトルを2度防衛したのち、世界タイトル挑戦のため日本タイトルを返上する。そして1999年11月、15戦全勝のままWBA世界スーパーフライ級チャンピオン、戸高秀樹に挑戦。だが12ラウンドを戦った末、判定負けを喫する。続く2000年12月にはWBC世界スーパーフライ級チャンピオン徳山昌守に挑む。7ラウンドに左フックでダウンを奪い、徳山の記憶を飛ばすほどのダメージを与えながらも、やはり判定で敗れている。

具志堅にしてみれば、「具志堅二世」と呼ばれた名護に、現役時代の自分を重ねていた部分が

少なからずあっただろう。ところがいかんせんふたりのボクシングスタイルはあまりに違いすぎた。

多少の被弾は覚悟の上、飛び込んで行って雨あられのようにパンチを繰り出し相手を粉砕した具志堅に対し、名護のボクシングは「打たれずに打つ」を身上としている。

打たれることを極端に嫌がる名護のボクシングが具志堅にはもどかしく感じられたに違いない。

「今がチャンスなのになぜ攻めないのか」

だが名護はこう考える。

「今無理に攻めて思わぬ一発をもらい、元も子もなくしてはたまらない」

名護はそれを思考の問題だという。実力の差があっても不用意にパンチをもらえば試合をひっくり返されることもある。

具志堅には名護のこのスタイルが、「消極的」で「勇気がない」ボクシングだと感じていた。不満はあったが、それでも連勝街道を進んでいるうちはまだ良かった。しかしそれも2度の世界挑戦に失敗すると、溜まりに溜まった感情は一気に爆発し、名護と具志堅の関係は修復しがたいものとなる。

名護は追われるようにジムを移籍することになる。

１９７６年９月26日、名護明彦は沖縄県那覇市に３人兄弟の末っ子として生まれた。生まれたときには未熟児で、体重わずか１３４０グラム。保育器に入れられ、医者からは「育つ保証はない」と告げられる。

よその子と比べると体格もずっと小さかった息子が「いじめられっ子」になることを心配した父は、物心ついたばかりの名護に拳の握り方やパンチの打ち方を教えた。

「それからですね、もうやんちゃでガキ大将で、負けるのが嫌だっていう思いがすごく強い子供でした。特に小さい頃は自分が負けるっていうことは、名護家が負ける、自分の家族が負けるっていうことと同じだと思ってたんです。

小さい子供にとって、親の言うことはすべてが真実じゃないですか。だから『負けるな負けるな』って言われ続けたことが、『自分が負ける＝名護家の負け』というように思いこんでしまったんでしょうね」

小学校の６年間はガキ大将で、ちょっとでも逆らう者がいると腕力に物を言わせ、ケンカは日常茶飯事。そしていつしか『壺屋の幹部』と呼ばれるようになっていた。

毎朝通学の時間になると同級生たちがぞろぞろと自宅まで迎えに来るのだが、その様子がまるでヤクザが親分を迎えに行くように見えたからだった。

小学校3年生の途中、壷屋から泊へと引っ越すが、学年の途中で転校させるより新学年になってから転校したほうがいいだろうということで、約半年ほど壷屋小学校に通っていた。泊から壷屋までは大人の足でもかなりの距離だというのに、それでも朝になるとその遠い道のりを壷屋からの迎えが来たという。

「いま思えば、小学生の日々ほど神経をすり減らした6年間はないですよ、本当に。学校に行くときは常に緊張感がありました。自分が大将にいて、ナンバー2、ナンバー3、ナンバー4とかがいて、その序列がいつか崩れるんじゃないか、自分の知らないところでクーデターが起こるんじゃないかっていう不安があって。神経はいつもピリピリしてるし、あんな疲れることはもうしたくない。だから小学生の頃がいちばんストレスを貯め込んでいましたね」

泊小学校から那覇中学校に進学すると、一転、スポーツ少年へと生まれ変わる。野球部に所属し、1年生の秋には早くも3年生のキャプテンから「このポジションは名護にまかせる」と言われるほどだった。

だが、身体が小さいという理由で、どう頑張ってもレギュラーにしてもらえない。時折試合に出て結果を残しても、それでも次の試合ではやっぱり出してもらえない。そんな状態に嫌気がさし、2年生になると野球部を退部。

バスケットボールやハンドボール部からも誘われたが、兄がバレーボールをやっていたためバレーボール部に入部。身体が小さいにもかかわらずレギュラーポジションを獲り、バレーボール一筋の中学生活を送っている。

中学卒業まで、名護の周囲にはボクシングの気配はない。小学校中学校時代を過ごした1980年代といえば、沖縄のボクサーがもっとも活躍していた時代だ。1981年に具志堅用高が世界チャンピオンの座を失うも、渡嘉敷勝男、友利正、浜田剛史らが立てつづけに世界チャンピオンとなった輝かしい時代だった。

そんな時代にあってもボクシングに興味を示さず、知っているボクサーといえば具志堅用高ぐらいのもので、テレビで試合を見たことすらなかったという。名護がボクシングと出会うのは中学を卒業し、興南高校に入学してからのことになる。

「野球やバレーボールをはじめ、いろんなスポーツをやってたんですけど、でもいちばん自分に合っているのは個人競技だという思いがあったんです。それで、ボクシング、柔道、レスリングといろいろ迷った末、プロがあって、性格的にもボクシングがいいんじゃないかということを家族で話し合って、それで高校ではボクシングをやってみようということになったんです」

意外な話だった。てっきりボクシングをするために興南高校に進んだものだとばかり思っていた。しかもボクシングを選択したのは、もちろん本人にその意志があったからこそだが、家族会議による結論だったというのも興味深い。結果、名護は金城真吉のもとでボクサーとしてのスタートを切る。

名護のボクシングをさかのぼれば、高校時代に行き着く。元々右利きの名護をサウスポースタイルに変えたのも金城だった。

「サウスポーに変えられたときはすごくショックでした。右ストレートで倒すっていうのがなくなったわけで。嫌だったしショックだったし。けど監督は『絶対』なんで何も言えなかったですね。ボクシングでは左の方が有利だとか言われるけど、僕は関係ないと思います。相性の問題もありますしね」

久手堅が、翁長が、嘉陽が、金城の教え子たちがいかに高校の3年間がかけがえのないものであったかを語るように、名護もまたいかに濃密な時間であったかを語る。ただし名護の語るそれは、「良き思い出」としてよりも「苦痛」として語られることのほうが多い。

「高校のときなんて結果が出ていたからすべていい方向に捉えることができてたけど、結果がなかったらただ苦痛の3年間でしたね。ボクシング人生を考えたら高校の3年間なんてあっという間じゃないですか。あの3年間は充実していたと同時に、非常に長かったですね。かなりストレスを溜めてました」

２００1年、白井・具志堅スポーツジムを離れた名護は、ハワイで日系2世のトレーナー、スタンレー・イトウのもと、再起に向けてトレーニングを開始する。日本人の両親を持つスタンレー・イトウは昭和20年代から日本のボクシング界を支えてきたトレーナーで、東京オリンピックで特別コーチを務めたほか、上原康恒、具志堅用高、渡嘉敷勝男ら世界チャンピオンも彼の指導を受けている。

名護が普段練習しているスタンレーイトウジムは、彼の名前をとって名付けられたジムで、名護の活躍次第ではいずれ日本プロボクシング協会への加盟も考えられていた。ジムは中野区の野方にあった。深夜でもひっきりなしに車が行き交う都心の動脈、環状7号線から路地に入ってすぐ。３階建てビルの1階にジムはある。

以前ここを使っていたボクシングジムが移転したため借り受けたものだったが、板張りの床は所々傷んで穴が開き、上からガムテープを貼って補修してある。正規のリングよりひとまわりほど小さめのリングが正面にあり、リング右手にサンドバッグがふたつ天井から吊り下げられている。

たいていのジムは、入口を入るとノリのいいアップテンポの音楽が響いているものだ。そして3分ごとにブザーが鳴り、１分間のインターバルを挟んで再びブザーが鳴る。３分という時間に合わせてボクサーたちは身体を動かし、３分という時間を身体に刻んでいく。

だが、名護以外に練習生のいないスタンレーイトウジムは訳が違う。鍵の閉まったドアを開けるのは名護だ。誰もいないジムはひっそりと静まりかえっている。灯りを点け、ラジカセのスイッチを入れるとようやくジムに空気が流れ始める。

トレーニングウェアに着替えると、入念にストレッチを繰り返し身体の隅々までほぐしていく。20分ほどストレッチに費やすと、鏡に向かってシャドーボクシング。拳を繰り出すたび、静かなジムに空気を切るシュッという小気味よい音が聞こえてくる。シャドーを終えるとバンテージを巻く。途中、巻き具合を確かめるように何度か拳を握ったり開いたりしながら巻き終えると、真っ赤なグローブを着けてサンドバックに向かった。

２００３年12月の試合をＫＯ勝ちで収めた名護の次戦は、２００４年3月と決まっていた。試合まで１ヶ月を切ったこの日の練習はかなりハードで、次の試合に賭ける意気込みが感じられた。

右左右左と休むことなくサンドバックを連続で１０００発叩き続ける。天井からサンドバックを吊している金具が軋んでギーギー音をたてる。それが終わると１００発のワン・ツーを休みなく叩いた後、30秒間のインターバルで腕立て、再び１００発叩くと今度は腹筋を30秒間。これを交互に何度も繰り返す。

どこのジムにも必ずボクサーを指導するトレーナーがいる。小さなジムでは会長が兼ねているところもあるが、大手ジムでは複数のトレーナーを抱えているところもある。

ボクサーにとってトレーナーは欠かせない存在で、練習のサポート、技術的な指導はもちろん、練習メニューや試合での戦術、対戦相手の分析、そして時に精神的支えにもなる。日々の練習では選手の動きに目を光らせ細かな注意を与え、修正していく。また、試合をいつどこでどのような力量を持った相手と戦わせるのかなどを考えるのもトレーナーの仕事のひとつだ。

だが、名護の練習を見守るトレーナーはいない。

「トレーナーと選手の関係は、突き詰めれば1対1の人間関係だと思うんです。だから信頼関係がうまく築けないと、いくら技術を持ったトレーナーだとしても、一緒にやっていくのは難しいと思うんです。

僕も本当はトレーナーが必要だなとは思います。でも妥協して我慢してヘンなトレーナーを付けるよりは、ひとりでやっていたほうがずっといいと思うんです。

トレーナーっていうのは、選手の人生の半分を背負って一緒に山を登っていくわけじゃないですか。途中には不幸な事故があるかもしれないし、なにがあるかわからない。だから僕の人生を預けられるようなトレーナーがいたら、僕もその人のために勝ちたいって思えるようなトレーナーがいたら、一緒にやっていきたいですね。

ボクシングって精神面がかなり大きいんです。リングに上がってゴングが鳴れば誰も助けてくれないじゃないですか。そこで勝っていくっていうことは、とても大変なことだと思うんです。だからこそ、本当にいいスタッフがついた選手は実力以上の力を出せると思うんです」

白井・具志堅スポーツジムを離れて以来、名護はひとりきりの練習を続けてきた。いや、正確に言えばトレーナーはいるのだが、良好な関係を築けずにいた。そのため、試合でセコンドに付く姿は見かけても、ジムで姿を見ることは少なかったのだ。

だがそれはトレーナーの責任ではない。非があるのはむしろ名護のほうだった。トレーナーがジムに現れる時間を避けるようにジムに通い、あえてひとりで練習していた名護のほうだった。察するに名護は、プロボクシングの世界に身を置きながらも、プロボクシングに携わる人間に不信感を抱いていたのではないだろうか。白井・具志堅スポーツジム在籍時に感じた違和感をそのまま引きずっていたのかもしれない。

だがその一方でこの状態がベストでないことは名護自身もわかっていたはずだ。それは試合結果にも現れている。２００２年の復帰戦以降、６戦して４勝２敗。日本ランキングにも入っていない。そこに全盛期の勢いは感じられなかった。それでもなお、名護はひとりぼっちの練習を続けていた。

２００４年３月16日。対戦相手、木嶋安雄（角海老宝石ボクシングジム）は日本バンタム級の8位にランクされている選手で、一発で相手を倒すような強烈なパンチがあるわけではないが、とにかくタフな選手だと聞いていた。

かつては日本タイトルを手にし、世界戦も2度経験している名護だが、現時点でのランキングは木嶋のほうが上ということになる。その木嶋に勝つということは、すなわち日本ランキングに入ることを約束し、その先にはタイトルマッチへの道も見えてくるという大事な試合なのだ。

「今度の試合は結構キーポイントだと思うんです。キツイ試合になると思う。でもこの試合に勝てばこの先大きく転換すると思うんです」

真っ白のワイシャツに黒の蝶ネクタイを締めたリングアナウンサーが、両選手の入場を告げる。ディアマンテスの「勝利のうた」が大音量で響きはじめる。アコースティックギターで始まる前奏にノリのいいラテンのリズムがかぶさり、張りのあるボーカルがスペイン語の歌詞を歌い始める。まだ名護は姿を見せない。観客席から音楽に合わせた手拍子が始まる。それでもまだ名護は姿を見せない。やがてボーカルが日本語のサビを歌い始める。そのときを待ちかまえていたように、真っ赤なTシャツを着た名護が青コーナーに向かってゆっくりと登場する。

勝利のうたを歌おうよ！　Brindemos por la paz y por la vida

生きてる喜び感じよう！　Vivamos nvestra fe con alegria
勝利のうたを歌おうよ！　El sveno que algun dia se realizara
生きてる喜び感じよう！　Hay mucho por hacer

観客席からは歓声が上がり、リングに上がった名護にファンから花束が手渡される。レフェリーがリングの中央で両者に試合前の注意を告げ、それぞれのコーナーに戻ると、やがて試合の始まりを告げるゴングが鳴り響いた。

試合開始早々、木嶋が頭から体当たりをするように突っ込んでくる。距離を詰めて接近戦に持ち込み、名護の得意な距離でパンチを打たせない作戦だろう。頭から突っ込まれると名護はそのまま押されるようにロープ際まで詰められ、ロープを背負う体勢で相手の連打をボディーに浴びた。身体をくの字に曲げ、両方の腕でしっかりとガードはしているから、それほどのダメージではないのだろうが、いきなりペースを握られた格好になった。

「ボクシングっていうのは頭を使わないと勝てないと思うんです。タフな相手を初回から倒しにいっても、倒す前にこっちのスタミナが切れてしまえば逆にやられるかもしれない。今度の相手はかなりタフな選手なんで、持久戦になると思うんです。だから勝負は後半ですね」

どんなにタフな選手でも、最初から最後まで、力のこもったパンチを打ち続けることは容易でない。木嶋のパンチをしっかりとガードで受け止め、打たせるだけ打たせ、相手が疲れるのを待つ。そこからが勝負だ。

だが木嶋のパンチは止まらない。１分が過ぎ、２分が過ぎ、それでも執拗にパンチを繰り出してくる。我慢しきれなくなった名護が時折放つパンチが木嶋を捉えてもひるむことなく、そこからまたさらに頭を低くして突っ込んでは左右のパンチを繰り出し続けた。

２ラウンド、３ラウンド、４ラウンド、５ラウンド、６ラウンド、同じビデオを繰り返し見ているような試合が進む。木嶋が頭から突っ込み、名護をロープに追いつめる。追いつめられた名護は身体をくの字にしてガードを固める。木嶋は構うことなくガードの上から執拗にパンチを繰り出す。その合間に名護が時折パンチを繰り出す。

突っ込んでくる木嶋の頭が、何度も名護の顔や頭に当たり、そのたびに名護が顔をしかめる。木嶋の頭から突っ込むスタイルは反則すれすれの行為で、レフェリーからも再三の注意が与えられていた。

これがルールに厳格なアマチュアの試合であれば、木嶋は反則負けになっていたかもしれない。だがプロは違う。どんなに反則に近い行為であったとしても、レフェリーがそれを反則だと認めない限り、減点されることはない。決定的なパンチを持たない木嶋は、この戦法でプロの世界を生き抜いてきたのだろう。

懐に飛び込み、絶え間なくパンチを繰り出し続けることによって、相手に攻撃させる時間を与えない。一発で相手を倒すほどのパンチ力がなくても、手数を出すことによってポイントを奪う。そのポイントを重ねることによって勝ち上がってきたのが木嶋というボクサーなのだ。決して華麗ではないが、ある意味、プロらしいプロだと言える。

7ラウンド、再三のバッティングに対しついにレフェリーが木嶋に減点1のペナルティーを与えた。だが、いまさら減点があったとしても、ポイントの上では終始攻め続けている木嶋のリードは揺るがない。残りのラウンドをすべて名護が取ったとしても、もはや判定で勝つのは難しい。名護が勝つためにはKOでの勝利しかありえなかった。

「よく自分のボクシングは冷静だ冷静だと言われてたんです。でも最近冷静だということはいけないことだと気づいたんです。試合の中で見境なくカーッとするのはもちろんダメなんですけど、冷静でもダメなんです。

冷静だけだっていうことは、自分の感情を押し殺して機械的なボクシングになるし、ピンチでもチャンスでも冷静であるということは、リングの上で自分をちゃんと出し切れていないっていうことなんじゃないかと。

いまの僕にとっては冷静であることは必要じゃないし、冷静さはむしろマイナスに働いてると思うんです。だから僕はキレますよ。リングの上で」

1ラウンドから休むことなくパンチを繰り出してきた木嶋にも、ここへ来てようやく疲れが見え始めた。相変わらずパンチは止まらないが、明らかに力が落ち、スピードが鈍っている。そろそろ名護が闘志をむき出しにして木嶋に襲いかかってもいいころだ。いつまでも冷静でいられるはずがない。このままでは終われない。それを最も理解しているのは他ならぬ名護のはずなのだから。

だが7ラウンドの2分が過ぎた頃、レフェリーが両者の間に割って入り、試合を中断する。再三のバッティングで木嶋の眉間が割れ、出血が止まらない。ドクターのチェックが入る。もしここでストップとなれば、名護の負けが決まる。それを知ってか、客席からは怒号が飛び交った。

「自分からぶつかっといてなにやってんだー！」

「名護にボクシングさせろー！」

「サッカーじゃねーんだ、ヘディングばかりしてんじゃねー！」

「汚ねえぞ、木嶋！」

ドクターが木嶋の傷をのぞき込む。レフェリーと二言三言言葉を交わし、試合はどうにか再開となった。じれったい展開にイライラしながらも、それでも名護がキレる瞬間を見逃さないよう、ライトに照らされたリング上を見つめていた。

見るからに動きが重くなってきた木嶋に対し、時折左右のフックを繰り出すものの、そのつど逆に木嶋に低い姿勢で頭から突っ込まれ、後が続かない。相変わらず名護がロープを背負う形で、7ラウンド、8ラウンドが過ぎていった。

そして9ラウンド、一発を狙って大振りになった名護のフックをかいくぐり、木嶋が頭から突っ込む。と、頭と頭がぶつかる鈍い音が客席にまで響き、木嶋が再び出血。レフェリーが両者を分け、試合を止める。ドクターチェックの結果、試合の続行は不可能という判断で、勝負は判定にゆだねられた。誰がどう見ても結果は明らかだった。大差の判定で木嶋が勝利。

それぞれのコーナーに戻った名護と木嶋の姿は対照的だった。勝った木嶋はタオルで目の上を覆われ、精も根も尽き果てた様子で椅子に腰掛け、まるで敗者のようにうなだれている。名護はといえば息ひとつ乱さず、ふてくされたような表情で立ちつくしていた。

木嶋戦から3週間ばかりが過ぎた日の夕方、名護と新宿駅で待ち合わせ、駅からほど近い居酒屋に腰を落ち着かせた。島酒を飲みながら聞いていたのは名護の少年時代の話で、成り行きで父親に話題が及んだとき、話はそのまま木嶋戦に向かった。

「父は表面的には冷静なんだけど、内面はすごく熱い。ある意味僕より熱いですよ、悔しいですけど。両方持ってるからすごく好きなんですけどね。厳しいことも言うけど、本当に僕にとって

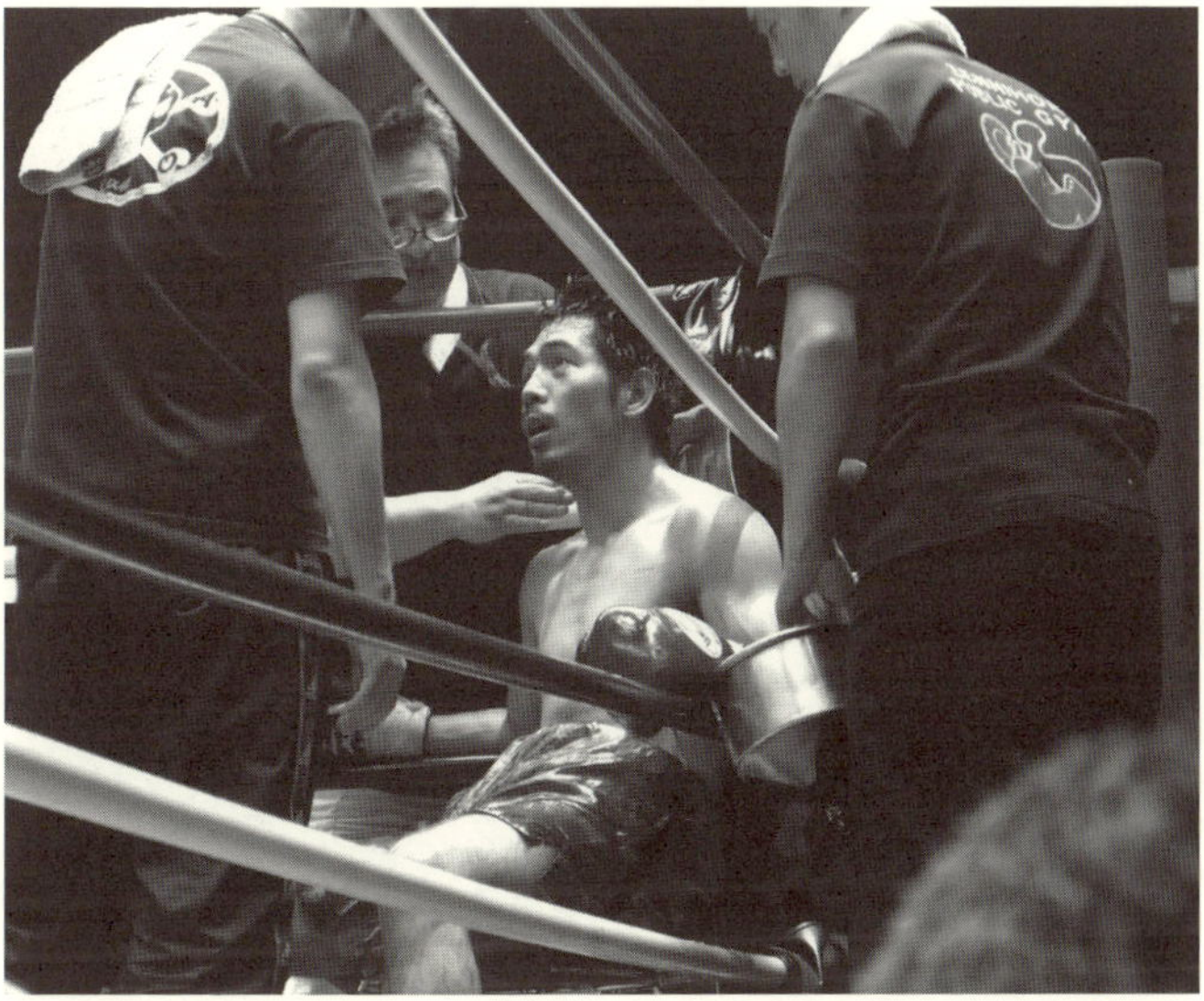

大切なことを言ってくれる。特にこないだの試合ですよ。親父は悔しくって悔しくって涙を流しているんですよ。そこまでさせてしまう自分がまた悔しいんですけど」

僕がこの日確かめたかったのは、なぜ木嶋戦でキレることができなかったのかという一点だった。父親の話をきっかけに木嶋戦へと話が進んだ頃、僕は既にかなり酔っていた。名護の話に時折うなずくだけで、口を挟まない。名護も酔っていた。自分への苛立ちと不満を吐き出すように話し続けた。

「キレなかった自分が情けないですよ。僕にいまいちばん必要なのは周りも見えないがむしゃらさ。それってある意味危険じゃないですか。試合中に周りが見えないくらいに真っ白になって、それでカウンターをもらったり。でもいまの僕に必要なのはそういうことですよね。

ボクシングで自分の闘争本能を表現してきたはずなのに、いつの頃からかそれをセーブするようになっちゃってるんです。僕が元々持っているはずの闘争本能を出せなくなっちゃってるんです。プロに入って日本チャンピオンになるぐらいまでは、体も心も充実してたんです。どれだけ減量が苦しくっても、苦しい苦しいって言いながらも、それを気持ちいいと思えたんです。

そういう苦しい状況、普通の生活してたんじゃ味わえるかよって。普通の人が味わえない状況を味わってると思うと、なんか気持ちよくなるんですよ。ところが日本チャンピオンを獲ったあとはもうこなしてるだけになって、減量してもなんで俺だけこんな思いをしなくちゃいけないんだって思うようになってしまったんですよね」

ボクシングは拳だけで相手と殴り合い、いかにダメージを与えることができるかを争う単純なスポーツだ。単純だが奥は深い。体重別で争われるボクシングでは、当然ながら重量級の選手ほど一発のパンチの威力も大きい。そのため、ボクサーは減量して、少しでも軽いクラスで戦うことを選択する。

だが減量にも限界がある。１９９５年のプロデビューから２０００年12月の徳山昌守戦まで、名護はスーパーフライ級で戦ってきた。スーパーフライ級のリミットは52・16キロ。身長１６５センチの名護にとって、この減量は決して楽なものではなかった。

そもそも名護は骨が太く筋肉質で、太りやすい体質ではない。試合がない普段の体重は60キロ前後だが、それでも余分な肉が付いているようには見えない。

そのため、試合前に減量というもうひとつの闘いに勝たなければならなかったのだ。そしてその減量苦から、万全の体調で挑めなかった試合もいくつかあった。それがいちばん顕著に現れたのが徳山昌守との間で行われた2度目の世界タイトルマッチだった。

「あのときはもう相手のビデオを見て研究するとか作戦を立てるとか、もうそんな余裕もありませんでした。自分の減量のことだけで精一杯で、もう相手うんぬんじゃなかったんです。

僕にとっては試合に勝つことよりも、計量にパスすることが目標になってたんです。もちろん試合に勝つために必死でトレーニングしてきたけど、もうそれどころじゃないんですよ。どれだけ練習しても絞っても体重が落ちない。脱水症状でぼーっとしながらも、計量を乗り越えるために必死だったんです。

万一計量に失敗すると、世界タイトルマッチだし、社会的制裁じゃないですけど大変なことになっちゃうんで。だからそうならないためにまず計量をクリアしなくちゃいけない、そんな気持ちでした。あのときほど減量で苦しんだことはないですね。ホントきつかったです」

この試合後、1年半のブランクを経て名護は階級をひとつ上のバンタム級（53・52キロ以下）に上げて再起に挑んだ。極度の減量苦からは解放されたはずなのだが、それでも満足な結果は残せていない。

「思考の問題ですよ。今度の試合は絶対に勝たなければならないというところから始まったんです。絶対勝つためにはどうすればいいのか。打たれても相手のパンチが効かない強い身体を造ろう。すごく丈夫な身体を造ろう。そこに走ったんです。

勝つために強い身体を造ろうとしてたのに、いつのまにか試合に勝つことよりも、強い身体を造ることが目的になっちゃったんですよ。どこかで歯車が狂っちゃったんですよ。

なにがなんでも、たとえ相手のパンチが効いたとしても、なにがなんでも勝つという、絶対に譲ってはならないものを差し置いてまで、強い身体を造るということに走ってしまったんですよ

ね。試合の何日も前、何週間も前から歯車が狂ってるんですよ。いや、この試合が組まれる前から狂っていたのかもしれない。

9月に勝って、12月に勝ってるから、負けないと気づかないんですよ。負けは許されない状況だったけど、でも迷走してる自分に気づくには負けるしかなかったんだと思います。

今やらなくちゃいけないことはわかってるんです。木嶋戦では絶対に勝ってやるっていう情熱が足りなかったんです。絶対に勝つという感情を養うこと。そこにいますごく集中したいんです。そのためにがむしゃらになって、苦しんでいる状態を気持ちいいと感じたいんです。

人間苦しくなると逃げに入るじゃないですか。誰だって楽になりたいじゃないですか。でもその苦しいときに僕は笑って乗り切りたい。ちょっと薄気味悪いですかね。とにかく、僕が元々持っているはずの闘争本能を存分に出せるような心を作っていかなくちゃいけないんです。

涼しい顔して試合しなくてもいいんです。がむしゃらにやればいいんです。がむしゃらにやって勝って、それから涼しい顔すればいいんです。控え室に戻ってゼイゼイハァハァすればいいんです。それくらいのプライドと闘争本能を僕は持ちたいですよ」

ハードなトレーニングで研ぎ澄まされた肉体と力を養うことはできる。だが、どんなに強靭な肉体があったとしても、それだけで試合に勝つことはできない。結局のところ、肉体をコントロールするのは心なのだ。どれだけ優秀な身体を持っていたとしても、それをうまくコントロールできる心がなければ、それは宝の持ち腐れでしかない。

「自分で言うのも何なんですが、この身体は親からもらったものじゃないですか。すごいものを僕はいただいているんです。同じものを持っていたとしても、どこに気持ちがあるかで感じることも違えば、動きも違ってくる。まったく違いますね。すべてが違いますね。だからどこに気持ちを持つか、それをなにより大切にしないといけないと思うんです。

僕は自分が思い描いたことを現実化させるくらいの意志の強さは持っているんです。だからその意志の持ちようですよね。相手との戦いじゃなくて、自分との戦いなんです。

プロになって、日本チャンピオンになって、世界に挑戦して、でもその頃は相手だけとの戦いで、自分の内側が見えていなかったんです。やっといま地に足がついて、自分とも戦える年齢になったなと。そこからは絶対に逃げない。絶対に逃げずに結果を残していく。僕を支えてくれている人たちのためにも。

ほんと僕は周りにいかされてるんですよ。誰でもそうなのかもしれないけど、人間ひとりだけじゃ頑張れないですよ。両親がどれだけ僕のことを応援してくれているか、幼なじみがどれだけ僕を助けてくれたか。それから沖縄っていう存在がどれだけ僕を支えてくれているか。

僕は沖縄を思う心は誰にも負けないですよ。『ナイチャーには負きらんけろー』っていう魂ももちろんある。でもそう思う反面、ナイチャーとウチナーンチュって分けなくてもいいじゃないっていう気持ちもあるんです。僕は欲張りなんで両方の面を持っていたいんですよ。だけど試合になったら『ナイチャーに負きらん』という拳を持って戦えばいいんですよ。リングで死んでもいいですよ。それくらい勝ちにこだわります。絶対ね。次はすべてのプライド、人生を賭けて勝ちに行きます」

名護ほど饒舌でクレバーなボクサーを他に知らない。質問に対し、その趣旨を理解するとたちどころに知りたいと思っていた以上のことを言葉巧みに淀みなく答えてくれる。感心すると同時に、そこにある種の危うさのようなものも感じていた。

例えばなぜ負けたのかという質問を投げたとする。たぶん名護は肉体的、精神的、あらゆる角度から自己分析してその原因を突き止めていくだろう。さらに話はそれを克服するためにはどのようなトレーニングをするべきなのかといったところにまで及ぶはずだ。

名護は思いを言葉に乗せることで自分で納得し、その時点で満足してしまっているのではないだろうか。思いを言葉に乗せる必要はない。プロボクサーなら思いは拳に乗せるべきだ。どこか煮え切らない試合を続けている名護にもどかしさを感じていた。

木嶋戦から9ヶ月後、再び日本ランカーとの10回戦がマッチメイクされた。対戦相手は瀬川説男（ヨネクラジム）。バンタム級、スーパーバンタム級の2階級を制覇した元日本チャンピオンで、アマチュア時代にはソウルオリンピックにも出場している実力者だ。だが直近の試合では2連敗中で、瀬川にとっても名護との一戦はプロボクサーとしての生き残りを賭けた戦いだった。

試合はプロアマ通じて一度もダウンしたことのない瀬川から3度のダウンを奪っての圧勝で、この勝利で名護は実に3年ぶりに日本ランキングに名を連ねた。一方、敗れた瀬川はこの試合を最後にグローブを置くこととなる。

瀬川とのサバイバルマッチに勝利した名護に、条件付きではあったが、バンタム級の日本チャンピオン、サーシャ・パクティンとのタイトルマッチの話が浮上する。条件はただひとつ。サーシャ・パクティンが所属する協栄ジムのホープ高吉勝幸と戦い、これを退けることができればタイトルマッチを行うというものだった。

高吉はアマチュアでの実績が買われプロ入りした協栄ジムの新鋭だが、プロでのキャリアはここまでわずかに3戦。今回の試合が初めての8回戦になる。いくらホープとはいえ実績と経験に差がありすぎる。断然名護有利の声が大勢だった。

２００５年11月26日、決戦の舞台はさいたまスーパーアリーナ。もう一度チャンピオンベルトを巻くためには、なにがなんでも落とすわけにはいかない一戦だった。

上野駅からＪＲ高崎線に乗ると30分ほどで、さいたま新都心駅に到着する。試合会場のさいたまスーパーアリーナは駅を出るとすぐ目の前に現れた。ドーム型の屋根が特徴の、かなり大きなスタジアムだ。

後楽園ホールとは規模が違う。収容人員は２万２５００席は後楽園ホールの実に10倍以上。世界戦でもないのにこれほど大きな会場が使われるのは異例のことだった。それはこの日のメインイベントに登場する亀田興毅の人気を当て込んでのものだった。

『世界フライ級タイトルマッチ　前哨戦　亀田のけんか祭り』と銘打たれた興行は、亀田興毅と元ＷＢＡ世界ミニマム級チャンピオン、ノエル・アランブレッドとの10回戦をメインに、全６試合が予定されていた。

駅からアリーナまでは高架の歩道で繋がり、レストランやオシャレな店が並ぶほか、けやきの木立がしげるちょっとした広場もある。人混みをぬけてアリーナを目指すと、そこはすでに長蛇の列。良くも悪くも亀田人気がボクシングファンの裾野を広げていることの証明だった。

巨大なすり鉢の底にリングをしつらえたようなアリーナの客席はリングから遠く、行われている試合も、音のない小さな映像を見ているようでまるで臨場感がない。後楽園ホールのように、選手の表情や息づかい、パンチの音が聞こえるそこそこの大きさの会場のほうがボクシング観戦には向いている。

東い-5
大橋ボクシングジム
東い-6
東い-7
ベースボール・マガジン

いよいよ名護の出番が近づく。圧倒的名護有利の前評判も、勝負はふたを開けてみなければわからない。かつて名護が逆の立場で強打のチャンピオン、松倉をKOで下したことを思い起こせばなおさらだ。

はるか遠くのリングで試合開始のゴングが鳴った。

勢いよく高吉がコーナーから飛び出す。だが積極的に仕掛けるでもなく、足を使って名護との距離を掴もうとしている。近づいてくる高吉に名護が右のジャブで牽制するが、高吉はそれをステップだけでなんなくかわす。

とてもプロ4戦目とは思えない動きとディフェンステクニック。自信があるのだろう、ノーガードで名護の正面に立ち、挑発するような仕草も見せる。足をつかって名護の得意な距離から逃れ、体を揺らしてパンチをかわす。

時折飛び込んでジャブを当ててはすぐに距離をとる。積極的にどんどん打って出るわけではないが、細かいパンチを当てては出入りの激しい動きで攪乱する。

一方名護はと言えば、手を出すもののやはり自分から高吉を追って仕掛けようとはしない。たまにいいボディーが入ることがあっても動きの早い高吉を追えず、単発で終わってしまう。

どうしてだろう？　リングを見ながら考えていた。どうしてもっと積極的な試合運びをしないんだろう？　どうしてもっとがむしゃらにならないんだろう？　どうして自分から攻めようとしないんだろう？

リングから遠い席で、音のない試合を見つめるうち、次第に気持ちが冷めていくのを自覚していた。なんだかんだ口では言ってみても、結局名護はなにも変わらないじゃないか。

盛り上がらないまま試合は終わりを迎え、結果、3－0の判定で敗れ、日本ランキングからも姿を消すことになる。

この敗戦を機に、ジム移籍以来コンビを組んできたトレーナーと決別する。決して良好な関係だったとは言えなかったが、名護のためにチャンスを作り、マッチメイクの画策をしてくれたトレーナーがいなくなることが痛手にならないはずがなかった。コンビの解消により、名護ひとりのためにあったスタンレーイトウジムも閉鎖される。名護を取り巻く環境はよりいっそう厳しいものになった。

高吉戦から2週間ほど後、名護を晩飯に誘った。名護が「ボクシングを辞める」と言うのではないかという予感がしていた。そのいっぽう、もしこの先もボクシングを続けるというのであれば、言うことは決まっていた。

「今のままの状態では続けても意味がない」

続けるのであれば毎日ジムワークが出来て、毎日見てくれるトレーナーがいる環境を作る必要がある。そうでなければ今の状態のまま続けても結果は見えているんじゃないかと。

まるでど素人の、ろくにボクシングを知りもしない僕にそこまで言われれば、名護は怒り出すかもしれない。それでもいいと思っていた。ど素人から見ても名護の行き詰まりは深刻に見えていたのだから。

「ボクシングを辞めるなんて、よぎりもしなかった。僕は完全燃焼していない自分がいることを知っているんですよ。どこの誰よりも僕がそれをいちばん知っているんです。だからこそ辞めよう、沖縄に帰ろうとは思わないんです。沖縄に帰ろう、そういう気持ちが一瞬でもよぎったとしたら、ボクサー名護はもう終わりです。それがよぎっていないと言うことは、この先ボクサーとしての未来が絶対あると思うんです。

もちろん今の環境を変えない限りこの先難しいのはわかってます。今後、兄貴がトレーナーとして一緒にやってくれることになったんです。ジムワークは全日本パブリックに行って練習することになりました。

兄貴とは普段は仲がいいんですけど、ボクシングのことになるとよくケンカもするんです。兄貴の理想のボクシングっていうのがあってその理想がメチャクチャ高いんですよ。兄貴の理想と僕の現状のギャップが大きいんです。だから、その理想に近づけるように少しづつでもギャップを埋めていくことが出来れば、ボクサー名護はまだまだ進化できると思ってるんです」

名護の兄にボクシングの経験はない。その点に不安がないと言えばウソになるが、これまでひとりで練習してきたことを考えれば好転と言ってもいいだろう。的確な技術指導も必要だが、精神的支えになることもトレーナーの大事な役目だ。

そしてなにより、実の兄がトレーナーを務めるのであれば、かつて名護が言っていた「その人のために勝ちたいって思えるようなトレーナー」になりえるのではないだろうか。

18歳でプロデビューし、かつては「天才」「最も世界に近い男」と賞賛されていた名護が、30歳を目前に、さらに厳しい状況の下、新たなスタートを切ろうとしていた。


高吉戦の敗戦から約1年後、名護は再起を果たす。２００６年9月、ノーランカーを相手に8回戦を判定勝ちすると、わずか1ヶ月後にも試合を行い、これも8回戦で判定勝ちをおさめる。この2試合、手放しで賞賛できる内容ではなかったが、僕は名護の様子に変化を感じていた。リングの上で余裕を漂わせるような表情が消え、目の前の勝負を勝ちに行く必死さがうかがえた。

そして兄弟でコンビを組んで迎えた3戦目、山場となる試合を迎えた。

２００７年3月20日。後楽園ホールで「ＨＯＮＭＡＭＯＮ」と銘打たれた興行が、大阪のグリーンツダジムの主催で開催された。「ＨＯＮＭＡＭＯＮ」は全5試合ながら、すべて8回戦と10回戦。それなりの実力と結果を残してきたボクサーのみを集めた興行で、メインイベントが名護と本田秀伸。セミファイナルには翁長吾央と奈須勇樹の試合が組まれていた。

１９７５年生まれの本田は、実は高校時代にもアマチュアの大会で名護と対戦した経験がある。このときは名護が判定で勝利しているが、卒業後はグリーンツダジムからプロデビューし、プロ10戦目でライトフライ級の日本タイトルを獲得。世界タイトルにも2度挑戦したが敗れている。

２００４年に名城信夫（六島ボクシングジム）に敗れて一度引退したものの、２００６年に復帰するとその後は順調に勝ち星を重ね、日本ランキングの上位をキープしている。こうしてみると両者のプロボクサーとしてのキャリアは階級こそ違え、同じような道を歩んできた印象がある。

この日までの戦績も名護の27勝に対し本田は28勝。ただひとつの大きな違いは本田がいまだランキングボクサーであることだった。戦前の予想ではディフェンスマスターの異名を持つ本田有利の声がほとんどだった。

「手数が少なく、一発を狙った大振りのパンチばかりが目立つ名護は、本田にパンチを当てることすらできないだろう」

そんな予想もあった。

試合開始のゴングが響く。序盤ペースを握ったのは本田だった。自分の距離を握った本田が、細かい右のジャブを絶えずくり出して的確にパンチを当ててくる。押され気味の名護も右フックと左ストレートで追撃をかわす。それでも4ラウンドまで有利に試合を進めていたのは本田だった。

だがこの日の名護は違っていた。5ラウンド以降、積極的に前に出て攻め込み、左右のボディーを叩き込む。追って追って自分から仕掛けた。本田のパンチをかなり被弾したが、それでも前に出る足は止まらない。大振りのパンチばかりでなく、細かなパンチをまとめて本田を攻め立てた。

7ラウンド以降は両者が至近距離からの打ち合いを演じる。それでも名護が引くことはなかった。8ラウンド、思わず立ち上がってしまうほど大きな音をたて、名護の渾身の右フックが本田の顔面を打ち抜いた。だが本田も必死の形相で踏ん張って崩れない。両者の意地と意地が正面からぶつかり、そして互いに一歩も引かない熱戦だった。

そして最終10ラウンド、名護の右フックが本田の顎を打ち抜くと本田の腰がガクリと落ちる。さらに名護の連打が本田を捉え、ダウン寸前にまで追い込んだところで試合終了のゴングが鳴り響いた。

僕は、はじめて名護の必死なボクシングを見た。なんとしてでも勝つんだという気迫のこもったボクシングだった。気がつくと涙が流れていた。ボクシングを見て涙を流したのははじめてのことだった。
97－95、98－96、96－96。２－０の判定で名護が勝利する。数字の上ではかなりの接戦だったが、それ以上に勝ちに対する執念をうかがうことのできた意味のある勝利だった。

だがこの試合を機に名護の試合がめっきり減ってしまう。２００７年は本田戦以降12月に１試合こなしただけで、２００８年になってもいっこうに試合の決まる気配はなかった。皮肉なことに、本田との熱戦がその原因だった。まだまだ名護はやれるというところを証明してしまった結果、敬遠されていたのだ。

これもまた弱小ジムの悲哀だった。金銭的に余裕のある大手であれば、対戦相手にファイトマネーを上積みしてマッチメイクすることもできる。だが名護の所属する全日本パブリックジムには資金力がない。18歳でプロデビューした名護も、32歳になろうとしていた。ボクサーとして残された時間も先が見え始めていた。

そんな状況をなんとか打破すべく、名護はアメリカ行きを決断する。本拠地をロサンゼルスに移し、アメリカのリングで上を目指すというのだ。

「結局この数年、ずっと立場が変わらないんですよ。日本ランキングの下位を行ったり来たり。

上の人はやってくれないじゃないですか。世界ランカーとやるには相当お金がかかるんで出来ないし。結局自分より下のノーランカーとやるばかりで、勝ってもランキングは上がらないし。

若手ならチャンスを待ってもいいけど、このままだったらチャンスが来ないまま時間だけが過ぎていくばかりで。そんなときにアメリカでやらないかっていう話が来たんです。向こうは底辺が広くてランキングに入っていなくても強い選手が多いんでそういう意味では大変なんだけど、日本でやってるよりかは絶対チャンスはあると思うんで。

とりあえずは僕ひとりで行って試合前に兄貴を呼ぶっていう予定になってます。ロスに興南高校の先輩が住んでいて、その人の家にホームステイさせてもらえることにもなってるんで。あとはまあ向こうに行ってトレーニングして、出来上がり次第試合を組んでもらうっていうことになると思います」

だがこのとき、名護にはもうひとつの選択肢があった。バンタム級での「最強後楽園」出場オファーが来ていたのだ。トーナメントに勝ち上がれば、来年春には日本タイトルを賭けてチャンピオンとの試合が約束されている。兄とコンビを組んで再起を果たして以降、本田戦を切り抜け浮上のきっかけを掴んだかのように見えていただけに、これは再びの戴冠の大きなチャンスだった。

だが名護が選択したのはアメリカ行きだった。勝ち続けていけば世界ランカーと試合できる可能性もあるのだという。それがどれほどの確率なのかはわからないが、名護はその可能性に残りのボクシング人生を賭けて渡米を決意したのだ。狙うはあくまでも世界のベルト。名護がまだ自分のボクシングを信じているが故の決断だった。

２００８年暮れ、ビザの発給の遅れもあり、当初の予定から半年ほど遅れて名護はロスへと向かった。

渡米以来、連絡は途絶えたままになった。調べてみても試合が行われた様子もない。忘れかけていた頃、意外な結果を知る。無名のメキシコ人のボクサーを相手に６回戦を戦い、判定負けを喫したというのだ。だがそれ以降もなんの音沙汰もないまま時間が過ぎていった。

再び名護に連絡をとったのは２０１０年11月９日。携帯電話に登録されていた番号はすでに通じなくなっていた。だがなんとしてでも名護に連絡をとる必要があった。

その日、沖縄から１本の電話があった。それは興南高校、沖縄尚学高校でボクシング部の指導をしてきた金城真吉の妻、清子の急逝を知らせるものだった。翁長吾央も嘉陽宗嗣も、すぐに沖縄に飛んだ。だが名護には連絡が届いていない可能性があった。

白井・具志堅スポーツジムを去って以来、名護は沖縄のボクシング関係者との接触がほとんどなかった。それは、具志堅との関係をこじらせてしまったことによる負い目。そして「沖縄は横のつながりが強いぶん、ちょっと崩れるととんでもないケンカになりかねない」と翁長が話すように、自分が関わることで生まれる可能性のあるトラブルを避けるという意味合いがあったかもしれない。

なんとか名護に連絡をとり、用件を伝えた後、近いうちに会う約束をして電話を切った。

実は2010年9月、名護はフェザー級に体重を上げ、日本のリング復帰して判定勝ちをおさめている。日本のリングで戦ったのは実に2年ぶりのことだった。

いったい名護はどこを目指して再びリングに上がることを決意したのか。そしてこれからどうしようというのか、気になっていた。


年が明けて2011年2月、久しぶりに再会した名護は、全体的にがっしりとした体格に変わっていた。

「僕はある意味一周したと思うんです。良いも悪いも。18でデビューしてチヤホヤされて日本チャンピオンになって、でも世界で負けて以降いろいろ厳しい状況をやりくりして。

たぶん僕はこの先、ピークを作って完全燃焼したいのかもしれないです。それはたとえばタイトルマッチじゃなくてもいいんです。自分の持っているものを全部を出し切れたと実感できれば。でも負けて辞めるんじゃなくて、勝って辞めたいですね。自己満足で。

すごく昔、新垣さんと何のために闘うのかっていう話になって、僕は名護家のためって言ったと思うんですけど、でもそれって自分がそれを求めているわけだから、結局は自分のためなんじゃないかと最近思うんです。

自分のために勝負して、その勝負の結果が沖縄のためになったり、名護家のためになる。そういうことでいいんじゃないのかなと最近思ってるんです。

自分はどうなってもかまわないから沖縄のためになるとか、家族のためになるとか、そういう思いはつきつめて考えてみれば、それを願っている自分のためなんですよね」

次の試合は3月23日に決まっていた。対戦相手はフェザー級の8位の古家充（吉祥寺鉄拳8ボクシングジム）。久しぶりに日本ランカーとの対決になる。フェザー級で闘うには体の小さな名護のボクシングがどれほど通用するのかは不安だが、ボクサーの定年37歳を考えれば残された時間は少ない。9月で35歳になる名護にとって、定年まであと10試合できるかできないか。少しでも上を目指すなら日本ランカーとの一戦は願ってもないチャンスだ。とりあえず次の試合が今後を大きく変えてくれることを信じるしかなかった。

ところが1ヶ月もしないうち、大地震と津波が東日本を襲う。少々個人的な話をすれば、自宅のある千葉県銚子市も、亡くなった方こそいなかったものの、地震と津波で大きな被害を被った。電気、ガス、水道、すべてのライフラインが止まり、ラジオ以外に情報源がない。いったいどういうことが起きているのか、詳しいことはまるでわからない。街明かりが消え、普段よりくっきりときらめく星空の下、度重なる余震と寒さに震えながら呆然と空を見上げていた。

そんななか、なかなか繋がらない携帯電話にあきらめずに連絡をくれたのはこれまで取材してきたボクサーたちだった。心配してくれる彼らの電話に強がりと冗談を言いながらも、ほんとうはありがたくて涙を流していた。そして名護からも。それは無事の確認と同時に試合の延期を伝えるものだった。

正直言ってボクシングどころではなかった。仕事どころでもなかった。度重なる余震に加え、時間の経過と共に次第に明らかになる原発事故による被爆の恐怖。誰が嘘を言っていてどこに本当のことがあるのか。鬱々とした毎日は、そのまま日本中の日常でもあった。ありとあらゆるイベントが自粛されてさらに鬱々と沈んでいく。1ヶ月たっても2ヶ月たっても、いまだ震災前の日常を取り戻せずに世の中は依然としてどこか浮き足立っている状態が続いていた。

あいかわらず余震も続くなか、それでも延期されていた名護の試合が5月10日、後楽園ホールで行われた。ホールの入り口では、震度4以上の地震が起きた場合には試合が中止になる旨と、避難の際の経路が描かれたチラシが配られた。

久しぶりに聞く「勝利のうた」がホールに響くなか、赤コーナーから名護が姿を現す。だが客席からの手拍子もまばらで、そこにはかつての華やかさはなかった。名護を応援する幟も、旗も、花束を手渡すファンの姿もない。

かつてはKOの山を築きあげたハードパンチャーも、気がついてみればKO勝利からは7年間も遠ざかっている。3年半ぶりに見る名護がどんなボクシングをするのか、期待よりも不安を胸にリングを見つめていた。

1ラウンド。名護が右のジャブを突きながらじわりじわりと前に出る。攻めながらの右フックはクリーンヒットこそならないものの、古家の出足を止めるには有効だった。手数は少ないようだが、まずまずの滑り出しのように見えた。

2ラウンド。1分過ぎのことだった。ボディーを打ち込もうと飛び込んだ古家の頭が当たり、名護が右目のまぶたをカットする。出血はそれほどではなかったが、客席からもわかるほど、みるみると目の周囲が腫れあがっていく。まぶたの腫れで右目の視界はかなり失われたはずだ。傷をチェックしたドクターはすぐさま試合続行不可能と判断。予想外の結末に名護の日本ランキング入りはあっけなく水泡と帰した。


ボクシングは基本的に長期間やるべきスポーツではないと認識している。

「100年にひとりの天才」と言われた具志堅用高は21歳で世界チャンピオンの座を射止め、13

度の防衛を果たした後、弱冠25歳で現役を引退している。

いっぽう16歳でボクシングを始め、19歳でプロデビューした名護は、すでに人生の半分以上の時間をボクサーとして生きてきた計算になる。「天才」、「エリート」、「具志堅二世」、「世界に最も近い男」、「豪腕名護」、さまざまな呼称でプロボクシング界をにぎわせていた面影はもはやない。にもかかわらず、今なお名護はリングの上で闘っている。勝っても負けても、その結果が大きく報じられることはない。スポーツ新聞の片隅に、小さく結果が記されるだけだ。

もう一度言う、ボクシングは基本的に長期間やるべきスポーツではない。

それでも、名護を見ているともしかしたらという夢を見たくなる。

具志堅用高は世界チャンピオンとして世界を相手に勝ち続けることで沖縄を大いに勇気づけた。その姿とは対照的に、敗れても、注目を集めなくても、それでもなおプライドを持ってリングに上がる名護の姿もまた勇気を与えうるものだと、僕は感じている。

２０１２年６月28日、後楽園ホールのリングに約１年ぶりとなる名護の姿があった。セミファイナル、スーパーフェザー級の８回戦。対戦相手は後藤俊光（金子ジム）。９勝８敗の成績を残しているノーランカー。

1ラウンドから常にペースを握り、主導権を握ったのは名護だった。4ラウンド、5ラウンド、6ラウンド、毎回のように名護の右フックがボディーに、顎に再三決まる。軽いクラスなら決定打となりそうなパンチも、このクラスではそれほどダメージを与えることができない。逆に接近戦で揉み合いになると体格差でロープに寄せられボディーを狙われる。

6ラウンドの後半からは、名護の表情にくっきりと疲れの色が浮かびはじめる。口を半開きにして、それでもなんとか後藤を追おうと距離を詰める。そして最終8ラウンドには足を止めて、打ち合いを挑んでみせた。結果、大差の判定で名護は2年ぶりの勝利を飾った。

一身に期待と注目を集め、プロボクサーになるために、世界チャンピオンになるために沖縄を離れて17年。だがいまや名護が戦っていることを知る人は沖縄でもほとんどいない。それでも名護はボクサーとして残されたあと1年という時間のなか、完全燃焼できる舞台を求めている。

東

おわりに　「具志堅」から遠く離れて

２０１２年８月末現在、日本プロボクシング界はミニマム級からスーパーフェザー級まで、史上最多、８人の世界王者を同時に抱える黄金期にある。沖縄から北海道まで、全国各地で３日とおかずどこかしらの会場で試合も行われている。にもかかわらずだ、ボクシングの人気は低迷している。ボクシングの聖地と言われる後楽園でさえ、客席が埋めつくされることは滅多にない。と言うより、そもそも世界チャンピオンが８人もいるということを、いったいどれだけの人が知っているのだろうか？

人気の低迷はテレビ放映にも見て取れる。プロ野球のオープン戦やサッカー日本代表の練習試合が中継されることはあっても、ボクシングの世界タイトルマッチが必ずしも放映されるとは限らない。深夜の枠にひっそりと放映されることもある。ゴールデンタイムに放映される世界タイトルマッチですら、チャンピオンを複数登場させてなんとか視聴率を稼ごうという苦肉の策が伺えるほどだ。かつて具志堅用高のタイトルマッチともなれば視聴率が20%を超えていたことを思えば、それこそ隔世の感がある。

具志堅の人気はなにも沖縄に限ったものではなく、全国的なものだった。言ってしまえば具志堅以後、人気、実力で彼を超える世界チャンピオンはいまだ誕生していないといっても過言ではないだろう。

ではなぜ具志堅の人気はそれほどまでに格別だったのか？

沖縄から誕生した初めての世界チャンピオン。

9戦目での世界タイトル獲得（当時としては最短）。

いまだ破られることのない防衛回数の記録。

リング外での笑いを誘う言動。

連続ＫＯ防衛記録。

などなどなど、理由となりそうなエピソードや記録には事欠かない。だが、百聞は一見にしかずだ。すさまじいまでの闘争心で相手に飛びかかり、それこそカンムリワシが獲物を仕留めるように相手をマットに沈めてもなお襲いかかろうとするファイターぶり。ところがリングを降りてしまえばまるで別人のような朴訥さを覗かせる。圧倒的な強さと素朴な素顔という大きなギャップが具志堅人気の秘密だったように思う。

そのいっぽう、沖縄での具志堅人気は内地のものとは微妙に色合いが違ったもののだったように思える。

例えば、いま、この時代に、沖縄から世界チャンピオンが誕生し、同じように防衛を重ねたとして、彼は「具志堅」に成り得るだろうか。

答えは否だ。「具志堅」はあの時代であったからこその「具志堅」であって、いまこの世に彼と同じようなボクサーが現れたとしても、彼は「具志堅」になることはできない。あの時代。復帰間もない70年代のなかば、沖縄が時代的に求め、それを体現したのが具志堅用高だったのではないかと考える。

沖縄が必要としていたのは、わかりやすく言えば、理不尽な抑圧者をやり込めるヒーローだった。具志堅用高はその役目を自らの拳だけで余すところなく演じてみせたのだ。相手をこてんぱんに叩きのめす具志堅のボクシングスタイルは、「対ヤマト」という構図のなか、行き場のない憤懣の捌け口としての作用を果たしていたのに違いないのである。

ここで一歩引いて考えてみる。近年、ウチナーンチュアスリート達の活躍には目を見張るものがある。プロ野球、Jリーグはしかり、宮里藍を筆頭に女子ゴルファー達の勢いはことさらに目立つものがある。そしてさらに考えてみる。もし彼らが70年代に活躍したとして、果たして彼らは「具志堅」の役目を果たせただろうか？　これも答えはやはり否である。

彼らがどれだけ活躍しようとも、「具志堅」には成り得ない。ここにプロボクシングというスポーツの特殊性がある。どれだけ相手を痛めつけるかで勝敗を争うようなスポーツはボクシング以外にない。

同じく格闘技にくくられる空手や柔道も、その目的は相手を痛めつけることにあるのではなく、いかに技を極めるかに主眼が置かれている。それに対してプロボクシングの目的はあくまでも相手にダメージを与えることであり、およそスポーツとは呼べない残虐性もある。そしてこの点にこそ具志堅用高が「具志堅」たるゆえんなのだ。

具志堅はボクシングというわかりやすい手段で眼前の敵を叩きのめし、ヤマトに対する鬱憤を晴らしてくれたのだ。

かつて沖縄が「ボクシング王国」と言われていた時代、そこには金城真吉氏をはじめ熱心な指導者とボクサー自身の惜しみない努力に加え、宿命的に背負っていたヤマトに対する思いが王国の基礎を支えていたように思える。

翻《ひるがえ》って現在に目を向けてみる。沖縄の置かれている現状は基地問題を筆頭に相も変わらず内地との格差が取りざたされてはいるが、復帰40年を迎えた今日、復帰当時と比べればさまざまな面でその格差は格段に埋められた（と同時に見えにくくもなった）感がある。そして具志堅用高がむき出しにしたヤマトへの対抗心も希薄になっているように思う。

本書に登場した6人のボクサーはいずれも復帰後に生まれている。言ってみれば生まれたときから「日本国民」「日本人」であり、「日本人」であることに疑いを抱かずに育った世代だ。だからといって彼らが沖縄に対して特別な思いを持っていないというわけではない。

だが、かつての王国のボクサーたちが自らの拳に乗せて闘った思いと同質であるとは言い難いし、今という時代も彼らにそれを求めてはいない。時代が求める思いは時として重圧とも成り得るが、それを力に変えることができれば大きく背中を押してくれることにもなる。

逆説的な言い方をすれば、具志堅用高にとって貧しかった沖縄は、ボクサーとしてはそれが大いに追い風だったとも言える。具志堅の「120％沖縄のため」という言葉は、意識していたと言うよりも、無意識のうちにわき出る感情であって、言うなれば具志堅こそが沖縄そのものだったというのは言い過ぎだろうか。

翻って現在、彼らの背中を押す追い風はそよ風のように心許ない。それでも取材を始めた2004年以降、あと一歩でなにかしらタイトルに手が届くチャンスは何度か巡ってきた。だがあと一歩、その一歩がどうにも遠く、実際にタイトルを手にしたのは嘉陽宗嗣ひとりというのが現実だ。もちろんタイトルを獲るのに越したことはないし、選手自身それを目標にリングに上がっている。

だが、それでも敢えて言おう。感傷的だと言われてしまえばそれまでだが、タイトルマッチでなくても、ひとたびリングに上がれば試合が終わるまで、ボクサーは眩しいほどの照明を浴び、観衆の視線を一身に浴びる主役となる。そして四角いリングのなか、持てる力を振り絞って必死に闘う姿は、それが何回戦のボクサーであっても観るものに感動を与える。華麗なボクシングでなくとも必死に闘う姿はそれだけで見るものの心になにかを訴えかけてくるのだ。

だからといって取材をした彼らに「チャンピオンなど目指さなくていい、いい試合を見せてくれるだけでいい」などと言うつもりは毛頭ない。可能性とチャンスがあるのであればすこしでも上を目指すべきだし、できることなら頂に登り詰めたのち、新たな人生のスタートを切ってもらいたいと思っている。

これまでにも何人か世界チャンピオンをインタビューしたことがある。だがそれはあくまでも限られた時間内でチャンピオンという断片を切り取ったものにすぎなかった。だから彼らが普段はどんな生活をしていてどんなことを考えているのかまでは知るよしもなかった。ただ漠然と「プロボクサー」という特別な人種に憧れと畏怖の念を抱いていたのだ。それが今回の取材を通して実に多くの時間を彼らと共有することができた。

そこで再認識できたのは「プロボクサー」はなにも特別な人種ではなく、それでもやはり憧れと畏怖の念を抱かせるだけのものを持っているということだった。言葉にするとなんともあやふやになってしまうのだが、彼らと接していて、ふとしたときに見せるなにげない態度や気遣い。多分彼ら自身も意識していないのだろうが、自分を例にすれば、50年近く生きているくせにいまだたどり着けずにいる人としての深みというようなものを、少なくとも僕が取材したボクサーたちはみな当たり前のように持っていた。

もちろん彼らは年相応に悪ふざけもするし、時に弱音も吐くし、バカもする。女の子のことが気になるしオシャレに気を遣ったりと表面的には今時の若者となんら変わるところはない。それでもふと垣間見せる彼らの人間的な大きさに、僕はクラクラとまいってしまうのだ。

今回取材した6人のうち名護明彦、久手堅大悟、翁長吾央、嘉陽宗嗣の4人は高校時代に金城真吉氏のもとでボクシングの手ほどきを受けている。だから、金城氏の指導で育まれた人間力かとも思えるが、指導を受けていない池原繁尊も平敷勇二もまた然りであることを考えれば、それはボクシングというスポーツを通して彼らが知らないうちに学んだものなのに違いない。

今になって思えば、彼らを追いかけ始めて8年、僕が知りたかったのはボクシングのなにが彼らを成長させるのかを探していたような気がする。当初2、3年でまとめるはずの予定は、「もうちょっとだけ見ていたい」「せめて次の試合まで見ていたい」と先延ばしを繰り返し、とんでもないことになってしまった。にもかかわらずいまだ答えを見つけられずにいる。

いろいろ考えてはみた。ボクシングは何の恨みもない他人同士がリングという限られた空間で殴り合う。相手を殴ると同時に、余程の実力差がない限り、相手のパンチで自分もダメージを負う。殴られることがどれほど痛いのか身をもって知っているわけだ。痛みを知っているからこそ彼らは人にやさしくなれるのではないか…とか。でもなんか違うんだよな…、しっくりこない。

ジムへも足繁く通った。ボクサーの練習メニューはジムが違っても基本的には大差ない。チャンピオンでも4回戦でも、ストレッチして縄跳びしてシャドーボクシングしてサンドバック叩いてミット打ちしてスパーリングして…。ジムが休みの日以外は毎日がこの繰り返し。ボクシング技術、体力、忍耐力は培えるだろうが、毎日のトレーニングで人間的に成長するとは思えない。

やはりボクサーはあの四角いリングで死力を尽くして闘うことによって、普通に生活していては獲得することのできないなにかを無意識のうちに学んでいるのに違いないのだ。そしてそれは多分彼ら自身にも説明のできない言葉以前の領域なのかもしれないと思っている。

そしてこの領域に具志堅は「沖縄への思い」を内在していたのではないか。言葉として意識しなくても無意識のままに溢れる感情として。

さて、最後にその後の彼らの近況にふれておきたい。

平敷勇二。忙しい仕事の休憩時間を縫って教習所に通い自動二輪の免許を取得した彼は、雨の日も風の日も自宅から1時間かけての自転車通勤から250ccのバイクに乗り換え、颯爽と通勤している。だが、仕事が忙しくせっかくの新車でツーリングに行く機会はない。

久手堅大悟。目の前に海の広がる知念の自宅を父とふたり、なんとか２０１２年のうちに営業を開始すべく業者の手を借りることなく店舗に改装中。

そして現役ボクサーの４人、嘉陽宗嗣、翁長吾央、池原繁尊、名護明彦は、それぞれの目標を見据え、さらなる「勝利のうた」を目指して、今もトレーニングを続けている。

あとがき

ボクシングのイロハも、沖縄ボクシング界の右も左もわからずにスタートしたこの取材。名護と久手堅と翁長と嘉陽が高校時代に金城真吉監督の指導を受けた、いわば同門の先輩後輩にあたることすら彼らと話をするまで知らなかったほど。

ジムに押しかけ、練習を見学し、そして話を聞くにつけ、やはり彼らの師である金城監督に会わなければ本書は成立しないと思うようになった。ところが彼らの話を聞けば聞くほどあまりに金城監督像は強烈だった。実際に名前を出すと問題がありそうなので匿名にして示すことにする。

「ヤクザのように怖い」「岩のように大きい」（K・D）

「減量がきつくても怖くて階級を上げたいと言えなかった」（N・A）

「パンチの打ち方をドスに例えて教えられた」（K・M）

その一方、全員が口にするのは金城監督の人間的な大きさと感謝の言葉。

気が弱く人見知りの僕はとてもひとりで会いに行く勇気がなく、泣きついたのは久手堅大悟。当時彼は四国の高知の繁盛店で修行中の身。自分のために仕事を休むこともままならないというのに、金城監督と僕を引き合わせるためだけに休みをとり、沖縄に戻ってくれた。

首里の自宅兼ジムにおじゃまして話を伺った監督は、やはり皆の言うとおりヤクザのように恐ろしげな風貌の…とはほど遠い、やさしくて面倒見のいいお酒とおしゃべりが好きでとても気さくな方だった。こちらの質問にもひとつひとつ丁寧に応えていただけた。

もちろんジムで見学させていただいた部員に対する指導はかなり厳しい。それでもＯＢである彼らに言わせれば「昔はもっと厳しかった」というのであるから、彼らの恐ろしげな監督像もそうだったのかもしれないと納得している。

かように金城監督にお会いするだけでも僕は久手堅大悟に大きな迷惑をかけている。本書を書くにあたって、迷惑をかけた人、お世話になった人は８年の間に数え切れない。とりわけことあるごとに押しかけては練習を見学させていただいた各ジム関係者の方々。ボクシングのルールをはじめ取材の手配までお世話になった元ＪＢＣの内田尚史氏。写真を撮ってくれた友人でもあるカメラマンの井上匠氏。そしてなによりいちばん迷惑を被っていたのは８年間にもわたってつきまとわれた６人のボクサーたち。心からお礼を申し述べたい。

そして最後に。これでひとまず、取材と称してボクサーたちを追いかけることにピリオドを打つ。これからはファンとして、彼らが現役である限りリングサイドから声援を送りたいと思っている。正直に言えば、僕はまだまだ本書を書きたくなかった。もっともっと「取材」と称して彼らを追い続けていたかった。なんとか先延ばしを目論む僕を脅し、なだめ、すかし、見捨てることなくここまで引っ張ってくれたボーダーインクの編集者、新城和博氏に感謝の意を表したい。どうもありがとうございました。

２０１２年８月

新垣　譲

新垣譲（あらかきゆずる）

1964年東京都板橋区に生まれる。

和光大学人文学部除籍後、週刊誌編集者を経てフリーのライター。

著書に『にっぽん自然派オヤジ列伝』（山海堂）、『東京の沖縄人』（ボーダーインク）など。

千葉県銚子市在住。

勝利のうたを歌おう

沖縄人ボクサーは
何のために闘うのか

二〇一二年一〇月一〇日
初版第一刷発行

著　者　新垣　譲
発行者　宮城　正勝
発行所　(有)ボーダーインク
沖縄県那覇市与儀226-3
http://www.borderink.com
tel 098-835-2777
fax 098-835-2840
印刷所　東洋企画

JSRAC 出1211132-201

ISBN978-4-89982-231-8　C0095